为管理者提供了一个全方位的细致周详的工作手册。

如何管员工才会听，怎么带员工才愿干

ruhe guan yuangong
cai hui ting,
zenme dai yuangong
cai yuan gan

明理 / 编著

吉林出版集团股份有限公司

版权所有　侵权必究

图书在版编目（CIP）数据

如何管员工才会听，怎么带员工才愿干/明理编著. -- 长春：吉林出版集团股份有限公司，2018.11
　　ISBN 978-7-5581-5925-1

Ⅰ.①如… Ⅱ.①明… Ⅲ.①企业领导学－通俗读物 Ⅳ.① F272.91-49

中国版本图书馆 CIP 数据核字（2018）第 248426 号

RUHE GUAN YUANGONG CAI HUI TING, ZENME DAI YUANGONG CAI YUAN GAN
如何管员工才会听，怎么带员工才愿干

编　　著：明　理
出版策划：孙　昶
项目统筹：郝秋月
责任编辑：邓晓溪
装帧设计：韩立强
插图绘制：圣德文化
出　　版：吉林出版集团股份有限公司
（长春市福祉大路 5788 号，邮政编码：130118）
发　　行：吉林出版集团译文图书经营有限公司
（http://shop34896900.taobao.com）
电　　话：总编办 0431-81629909　营销部 0431-81629880 / 81629900
印　　刷：天津海德伟业印务有限公司
开　　本：880mm×1230mm　1/32
印　　张：6
字　　数：150 千字
版　　次：2018 年 11 月第 1 版
印　　次：2019 年 7 月第 2 次印刷
书　　号：ISBN 978-7-5581-5925-1
定　　价：32.00 元

印装错误请与承印厂联系　　电话：022-82638777

前言 PREFACE

对于管理者来说，用职权管人不是本事，通过人格服人才是本事；颐指气使不是本事，"不令而从"才是本事；用惩罚使人害怕不是本事，凭魅力赢得追随才是本事；自己有本事不是本事，让有本事的人为己所用才是本事。管理是一门学问，是一门艺术，更是一种高深的谋略。你不能因为自己是"官"就对人吆三喝四，又不能与他们称兄道弟失去威严；你既不能疑神疑鬼，又不能偏听偏信……超级管理者身上的那种气质和影响力，绝非掌握一些机械的管理方法和技巧就能达到的，而是长期自我修炼的结果。真正有魅力的管理者，站在那儿就是一种无声的号召。

如何管员工才会听，怎么带员工才愿干？作为团队的管理者，你要如何更好地领导下属和管理员工？如何建立优秀的团队？如何做到知人善任、人尽其才？如何实现与下属的无障碍沟通？如何用简单的管理取得最大的收获？管理一个团队将面临各种各样的问题和挑战，当你面对这些问题时，你是否会产生困惑或有力不从心之感？是否需要用新的管理知识和技能武装自己的头脑？是否想进一步提升自己的管理技能，以便更好地应对管理过程中出现的各种难题和挑战？作为一名中层领导和普通员工，如何通过自我修炼来提高当前的工作业绩？如何在工作和实践中提升自我？如果有一天你被任命为团队的管理者，你知道该做什么，不该做什么吗？如果将你从普通员工提升为中层管理者，你如何走好第一步？你具备管理者的基本素质和能力吗？……

本书针对团队管理者的工作任务，从领导力打造、权力运用、用人之道、激励手段、沟通艺术、晋升之道等方面系统介绍了管理者如何管员工才会听，怎么带员工才愿干，是每一位有心成就卓越的管理者必备的日常管理工具书。全书体系规范、科学，内容全面、实用，为管理者提供了一个全方位的细致周详的工作手册，帮助管理者提高理论水准和管理素养，有效解决各类管理实务问题。

目录
CONTENTS

第一章 管人先管己,带人要带心

正人先正己:做员工的榜样　//2

勇于自我反省,不断调整　//5

感情投资:用心比用钱回报更高　//8

"亲民""爱民",少摆架子　//12

第二章 造一个愿景,带领员工为梦想而努力

"梦":团队愿景的力量 // 16
让个人目标融入团队愿景 // 19
为员工指明前进的方向 // 24
让梦想变得现实可行 // 27

第三章 树立威望,让员工心悦诚服地跟随

适时地表明"我是领导" // 34
以恰当的距离对待下属 // 38
领导的威信是"讲"出来的 // 42

第四章 尺有所短寸有所长,把人用在恰当的地方

人岗不匹配是人才资源的浪费 // 46
人才与否,要看放置的位子 // 50
合理搭配,干活不累 // 54
分配工作要学会量才适用 // 57

第五章　对员工寄予期望，小草也能长成大树

你的期望让员工迸发潜能　// 62

不要让员工自我设限　// 66

先问自己是否已"全力以赴"　// 71

给予适当的压力　// 74

第六章　响鼓须用重锤，把身边的"庸才"变干将

提升能力，贡献力量　// 82

做"蘑菇"，不做"豆芽菜"　// 85

"批评"要有目的性　// 89

让员工乐于"被折腾"　// 93

第七章　来点儿实惠的，让员工摘到"金苹果"

高薪激励对多数人有效　// 98

让利益与效益挂钩　// 101

以股份激励人才　// 104

灵活发放奖金　// 107

第八章　你体恤下级，下级才会拥戴你

领导和员工不是对立，而是合作　// 114

领导与员工"将心比心"　// 116

与员工建立深情厚意　// 119

第九章　提供晋升的梯子，员工会自发往上爬

建立良好的晋升机制　// 124

用晋升转化为持久的吸引力　// 128

保证优秀员工能顺利"晋级"　// 131

扩大下级的责任范围　// 134

第十章　胡萝卜加大棒，奖励与惩罚并举

"只奖不惩"或"只惩不奖"都有失偏颇　// 140

多运用正激励，少运用负激励　// 141

建立惩恶扬善的奖惩机制　// 144

第十一章　抓住人性，让不同特点的员工听从指挥

为好胜心强的人提供公平环境　// 150
对殷勤的异性员工要保持距离　// 153
对桀骜不驯的部属要坦然相对　// 155
对"恃才傲物"的人要适当引导　// 158

第十二章　不做"瞎子"和"聋子"，沟通是不变的带兵法则

沟通带来理解，理解带来合作　// 162
用心倾听员工的心声和抱怨　// 166
沟通时要善于观察　// 170
管理者要学会当众讲话　// 174

第一章
管人先管己,带人要带心

正人先正己：做员工的榜样

孔子说，假如端正了自己，治理国政有什么困难呢？连自己都不能端正，又如何端正别人？也就是说"欲正人，先正己"。

管理者最大的职责是管人。从人的内心分析，人们永远喜欢管人，而不喜欢被人管，这是每一个人的本性。然而，有一种情况例外，那就是当人从心底佩服某个人时，就不会抵触这个人对其的管理，甚至觉得怎么管都可以，只要下达指令，就一定会努力去做，绝不怠慢。

那么，管理者如何做到让下级心服口服呢？在这个问题上，有一些人总是习惯于向外寻找方式，制定种种制度和规则，以此来达到约束人的目的；而智慧的管理者总是从自身寻找办法：正人先正己，修己以安人，十分注重个人修养，时刻严于律己。管理者如果能做到以身作则，端正态度和行为，员工就会效仿。

春秋时期，楚国上下出现了沉湎于享乐之中的不良风气，在解决这个问题的时候，楚庄王在第一时间控制住了自己的欲望，为纠正不良风气做出了表率。

有一次，令尹子佩请楚庄王赴宴，楚庄王很高兴地答应了。于是在那一天，子佩早早就在京台准备了奢华的宴会及表演，可是他左等右等，就是不见楚庄王驾临，甚至一直等到晚上，楚庄王始终没有出现。

榜样的力量

有着领袖气质的领导者为他人树立榜样,他们乐于以衡量他人的同一标准来约束自己。

领导者的身先士卒,能表明自己对理想、目标或服务的一种坚定信念。

下属可以从他们的领导那儿学到各种经验,当知道自己并非是孤军奋战时,下属会感到更加满意。

通过身先士卒,以身作则,并在重要事情上倾注大量时间和精力,领导便会成为下属仿效的榜样。

第二天，子佩拜见楚庄王，并关切地问楚庄王是不是由于身体不适才无法赴宴。楚庄王笑道："子佩不要担心，我身体很好。我之所以没有赴宴，是因为我听说你是在京台摆下的盛宴。"子佩困惑极了，说道："京台是个好地方，很多人都愿意去那里散心。"楚庄王接着说道："我知道京台是个难得的好去处。向南可以看见料山，脚下正对着方皇之水，左面是长江，右边是淮河，这地方十分诱人。"见子佩更加费解，楚庄王又接着说道："如此诱人，你不觉得人到了那里，就会快活得忘记了死的痛苦吗？我是一个德行浅薄的人，承受如此的快乐，我怕自己会沉湎于此，流连忘返，从而耽误治理国家的大事，所以改变初衷，决定不去赴宴。"

贵为一国之君的楚庄王，偶尔消遣一下本无可厚非，可是他能够如此严格地要求自己，克制自己的欲望，身为人臣，怎能不感到羞愧呢？自此以后，楚庄王成了朝中榜样，使得全国上下形成了良好的风气。

楚庄王之所以不去京台赴宴，是因为他要从自己做起，克制享乐的欲望，从而改变举国上下的不良风气。正因为他正人先正己、先修己，而后安人的气度，才使得他在登基后，"三年不鸣，一鸣惊人；三年不飞，一飞冲天"，从而成为一个治国有方的君王。如果一个团队想要发展、强大，团队领导者就必须学会向内看，从自己做起。

"己所不欲，勿施于人"，自己都办不到的事，凭什么要求别人做得到？想要别人做得好，首先得自己做得好。要管理好下级，一部分靠权，以权管理，名正言顺，这属于"硬件"；另一部分得靠己，这属于"软件"。一个领导者只有正人之前先修己，才能上行下效，使大家心甘情愿地听你指挥。

管理者要以身作则，做出表率，才能最大限度地使员工信服。只有营造人人平等、公平至上的氛围，才能形成由上至下，凝聚一心的无敌战斗力。

勇于自我反省，不断调整

孔子曰："夫仁者，己欲立而立人，己欲达而达人。"这句话的意思是说，仁德的人，只有自己愿意去做的事，才能要求别人去做，只有自己能够做到的事，才能要求别人也做到。

管理者必须具备一定的自省精神。孟子有这样一句话："权，然后知轻重；度，然后知长短。物皆然，心为甚。"意思是说，称完才知道轻重，量完才知道长短。世间万物都是这样，而心灵则更需要反复的衡量，这样才能不断地认识自己、改善自己。

宋代的朱熹说："日省其身，有则改之，无则加勉。"其意皆在反省。反省可以"自知己短"，弥补短处，纠正过失。在古代的先贤那里，反思与自省是一种不可或缺的行为，它应时刻伴随你身旁，使你不断地对自己的灵魂进行拷问。

有一天，原一平来到东京附近的一座寺庙推销保险。他口若悬河地向一位老和尚介绍投保的好处。老和尚一言不发，很有耐心地听他把话讲完，然后以平静的语气说："听了你的介绍之后，丝毫引不起我的投保兴趣。年轻人，先努力去改造自己吧！""改造自己？"原一平大吃一惊。"是的，你可以去诚恳地请教你的投保户，请他们帮助你改造自己。我看你有慧根，倘若你按照我的话去做，他日必有所成。"

从寺庙里出来，原一平一路想着老和尚的话，若有所悟。接下来，他组织了专门针对自己的"批评会"，请同事或客户吃饭，目的是为让他们指出自己的缺点。

原一平把大家的看法一一记录下来。通过一次次的"批评会",他把自己身上的劣根性一点点消除了。

与此同时,他总结出了含义不同的39种笑容,并一一列出各种笑容要表达的心情与意义,然后对着镜子反复练习。

他像一条成长的蚕,悄悄地蜕变。最终,他成功了,并被日本国民誉为"练出价值百万美金笑容的小个子",且被美国著名作家奥格·曼狄诺称为"世界上最伟大的推销员"。

"我们这一代最伟大的发现是,人类可以由改变自己而改变命运。"原一平用自己的行动印证了这句话。也许你不能改变别人、改变世界,但你可以改变自己。幸福、成功,从改变自己开始。

要让结果改变,首先要改变自己;要让结果更好的话,自己必须变得更好。我们成功和进步的关键就在于,改变自己、完善自我。

以下是提高管理者应对变化的技巧。

(1)花点时间考虑考虑你的核心价值观和人生使命。

一种目标感对于成功和效力来说是必要的,而那些不清楚自己在干什么和为什么这么做的人,在面对变化时,就没有前进的基础。

(2)要坚持。

成功通常和天生的不屈不挠有很大关系。当你清楚你的价值观时,当你有能力在目标的基础上发展时,坚持是唯一的可能。在变化面前,成功的人会继续前进,并找到新的创造性的方法来获取肯定的结果。

(3)要灵活和富有创造性。

领导者如何自省

领导者应该每隔一段时间就放下手头繁忙的事务,静下心来想想几个方面的关键问题。

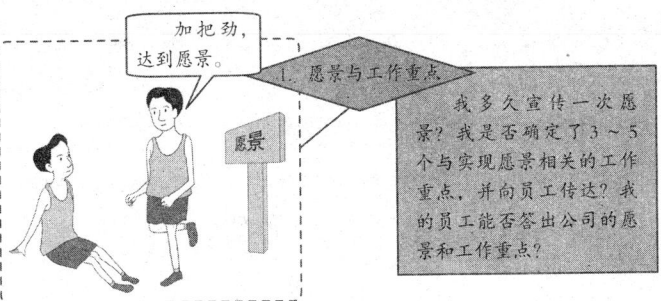

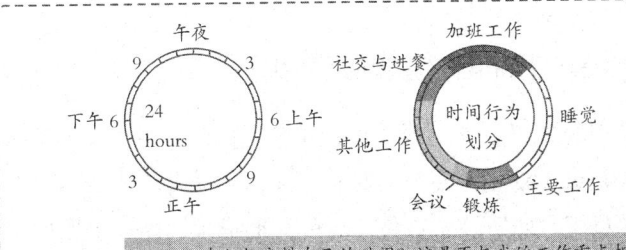

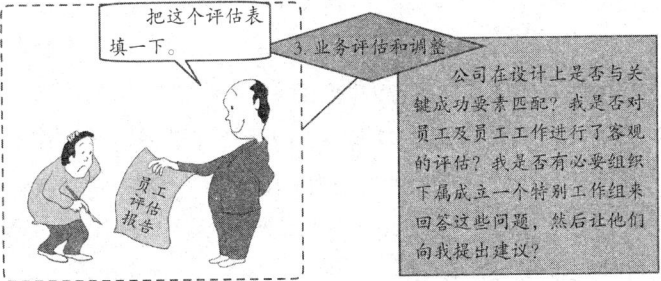

第一章
管人先管己,带人要带心

坚持并不是说用力量来获得。如果你用一种方法不能成功时，试试另一种，然后再换一种。找到更多创造性的解决方法并有新意地处理问题。

（4）跳出框框思考。

广泛阅读，不要把自己局限在擅长的领域。试着在你的生活中那些明显不同的地方找出联系。

（5）接受不确定性并持乐观态度。

生活本质上是不确定的，所以不要在预测未来上耗费你的能量。在所有可能的结果里，注重最有把握的一个。

（6）看到大局势。

变化是不可避免的，要随时保持判断。

感情投资：用心比用钱回报更高

管理层有句名言："爱你的员工吧，他会百倍地爱你的团队。"管理者与员工处于天然的"对立"关系，优秀的团队领导者悟出了"爱员工，团队才会被员工所爱"的道理，因而采取软管理的办法，从而创造了"和谐团队"。而这种软管理，就是采用情感管理。

情感管理在现代管理中占据了重要的地位。所谓的情感管理强调管理者应该重视对下级的感情培养，任何时候都不要存心去管人，任何时候都不能忽视人的情绪。

薪资丰厚，员工却诸多抱怨，即使离开了公司，还在不停地数落公司和管理者的"罪状"，相信不少领导者都会遭遇这样的情况。你除了在心里数落这些"白眼狼"之外，只能慨叹"人心不古"了。事实果真如此吗？

我们同样能发现，薪资水平不丰厚，但员工队伍稳定，对公司满意度很高，员工即使离开了公司，也会时常感念原有团队的"好"。

这两种局面形成的主要原因之一，就是管理者是否重视情感管理，是否对员工进行了感情培养。在马斯诺的需要层次理论中，人不仅具有低层次的生存、安全等需要，同样具有情感方面的需要。

关注人的情绪，关心员工的心理，这在著名的"霍桑试验"中就已经表明，员工的工作绩效很大程度上与人文关怀有关。在团队内部建立"关怀"文化，有助于使员工的情绪保持在较为理想的水平上面，提高工作效率，从而提高工作业绩。

中国人的感情取向与文化传统，决定了感情因素在团队管理中的重要位置。作为一名管理者，要想让下级理解、尊重并支持自己，就必须学会关心、爱护他们，对员工进行感情投资。让下级与自己的心贴得更近，才能使他们更加拥戴和支持自己的工作，才能使他们对工作尽心尽力，才能最终利于管理。

日本麦当劳的社长藤田田在所著畅销书《我是最会赚钱的人物》中，将他的所有投资分类研究回报率，发现情感管理所获得的回报率最高。

藤田田对员工非常关心，他每年支付巨资给医院，作为保留病床的基金，当职工或家属生病、发生意外时，便可立刻住院接受治疗，避免了在多次转院途中因来不及施救而丧命的事情发生。有人问藤田田，如果他的员工几年不生病，那这笔钱岂不是白花了？藤田田回答："只要能让职工安心工作，对麦当劳来说就不吃亏。"藤田田还有一项创举，就是把从业人员的生日定为个人的公

如何让员工从日常工作中感到温暖

小李,你工作完成得很棒!

1. 当员工顺利完成工作,取得较大成绩时

表扬员工,说上几句贴心的话语,表达出对员工的理解,并鼓励员工以后好好干。

刚接触这个工作,确实有一定的难度,加油,我相信你能行。

2. 当员工在工作中碰到困难时

无论做什么工作,都会碰到一些难题。这时,管理者就应该表示理解和支持,而不是批评和嘲讽。

嗯,你的这种思考精神非常好……

李总,我对你刚才的说法有不同的意见。

3. 当员工提出创意,勇于表达自己的不同意见时

应该进行鼓励,无论他的看法是否正确、是否可行,你都应该对其具有的勇气和创新精神表示认同,并给予鼓励。

休日，让每位职工在自己生日当天和家人一同庆祝。藤田田的信条是：为职工多花一点钱进行感情投资，绝对值得。感情投资花费不多，但换来员工的积极性产生的巨大创造力，是任何一项投资都无法比拟的。

如今不少管理者通过对员工的关怀，来作为管理的一种辅助手段。为员工搞福利，为员工过生日，当员工结婚、晋升、生子、乔迁、获奖之际，如果会受到领导的特别祝贺，再铁石心肠的员工也一定会对团队忠心耿耿。

管理者能在许多看似细小的事情上关怀员工，这种关心表现在员工的工作上、相互交往上，也表现在生活上。比如在生病时的嘘寒问暖，为员工组织定期的体检、在员工逆境时的鼓励等。

作为一个管理者，要想让下级理解、尊重、信任并支持你，首先你应懂得怎样理解、信任、关心和爱护员工。任何时候，管理者都不能做一个"铁面无私"的人，尤其在生活方面要通一点人情，对员工多一些情感管理，那么团队中将会出现亲切、和谐、融洽的气氛，内耗就会减少，凝聚力和向心力就会大大增强。

要注重感情投资，重视情感管理，管理者需要重点做到以下两方面：

1. 帮助员工解决生活需要

管理者关心员工，应该首先关注员工所关心的事，如果一个人整天为生活而发愁，你想让他专心做好工作是很困难的。

而身为管理者，如果在能力所及的范围内多为下级解决生活问题，他就会感受到你的体贴，愿意长期为你付出更多的劳动。因此，为下级提供安定的生活保障，这是赢得下级尊敬与喜爱的有效方式。

2. 让员工感受温暖

在平常工作中，领导要让下级尽量感受到管理者的关心和爱护。要做到这一点，领导就必须了解每个下级的名字、家庭状况，适时给予他们问候，让他们感受到关心和重视。管理者可以在特殊时间给下级带来不一样的关怀。例如借助下级的生日、工作周年纪念日、调动、升迁，以及其他重要的事情，你可以说几句赞美的话，让下级感受到你的关怀。

当然，人性管理应该是一种自觉的、一贯的行为，不要只作表面文章，不能摆花架子。这样才能让下级感受到你的真诚，才能赢得他们的信赖。"路遥知马力，日久见人心。"作为管理者，如果能长期与下级平等相待、以诚相见、感情相通，必定能吸引和留住那些优秀的员工，并激发他们努力工作。

"亲民""爱民"，少摆架子

如果一个人要领导一个团队，需要准备一定的资源条件，比如资金、人才、办公地、技术，等等。但是仅有这些还是不够的，还需要赢得人心，让一批人才心甘情愿地追随你。

"仁爱"即对人宽容慈爱，爱护、同情的感情。在管理过程中是指管理者对员工给予尊重、激励、同情，以及悉心的爱护的一种情感投入方式，它是赢得下级的尊重最为有效的方法之一。

孔子非常推崇"仁爱"，《论语》中对"仁"的论述也非常多。孔子认为"仁"是完美人格标准的基础，一个人即使非常有才能，但是人格中没有"仁"的存在，也无法成就大事，或者空守着财富与权势，却可能众叛亲离，落得孤家寡人。孔子所说的"仁爱"，对团队管理同样重要。

优秀团队的管理能取得实效，都不是用金钱激励出来的，而是靠管理者的"仁爱"之心激发出来的。

当管理者心存仁爱之心的时候，就会不自觉地积极地创造条件让员工的心理需求得到满足。这时候，员工的思想认识也会得到升华，愿意以实际行动为团队增砖添瓦。管理者都应该培养起自己的"仁爱"之心。

名扬四海的"海底捞"就是让"仁爱"体现在团队经营管理的过程中。

在海底捞，新员工到店后享受非凡的"礼遇"。因为店里从店长到每一个普通员工，都是在"接待"新员工，并且是"隆重接待"。

在经历培训后，新员工分配到各店，首先由店长亲自接待。店长会告诉新员工一些重要的注意事项，然后带新员工吃饭，店长作自我介绍，然后列举若干榜样，激励新员工好好干。店长之后，大堂经理、后堂经理，以及实习店长、实习经理会轮流接待新员工。他们都留下自己的手机号码，让新员工有困难跟他们说。新员工进入到这样的环境中，任何人都会感受到团队的浓浓暖意。

给予新员工优待，新员工提前下班，单独吃饭。新员工的下班时间要比正常下班早一两个小时。接待经理会亲自通知新员工下班，并且亲自搬桌子、凳子，亲自摆碗筷，亲自给新员工打饭。新员工的这种待遇大概会持续四五天至一周。因此，接待新员工并给予优待是店长及经理们的常规工作。

在海底捞，每个师父都会拉着徒弟的手坐到自己身边，大家都会报以热烈的掌声。店长也会很郑重地告诉师父们，要在业务和生活上关心徒弟，徒弟的发展就是他们的发展，徒弟没有进步就是他们的失职。

然后，对新员工有跟踪调查。调查的对象是新员工，但内容却是针对其他人。比如店长有没有在第一时间接待，经理们有没有安排好生活，领班有没有讲解店里的情况，师父有没有认真带你。还有吃得习惯不习惯，住得舒不舒服之类。

新员工在新来的几天里，全方位感受到团队的温暖。而一个月以后就习惯了，就融入这个团体了。

"仁爱"思想是团队管理者必须具有的基本道德素质，是实现团队宗旨的有效价值选择。

从团队管理的角度来说，一个管理者同样必须具备一颗仁爱之心，才能在所有的管理过程中，体现出对每个人的平等、公正和尊重。

在许多时候，一个管理者如果严格按制度办事，那么很容易被部下误解为"冷血"，管理者需要在坚持制度的前提下，对下级多一些"仁爱"之心。

对于团队管理者来说，最大的仁爱是要在规章制度和管理方式上体现对所有职工的仁爱之心，不能制定缺乏人道和缺乏公正的规章制度，也不能采取缺乏人道和缺乏公正的管理方式，这才是真正体现一个管理者或一个团队的仁爱之心的根本之道。

让管理者既能拥有一颗仁爱之心，又能充分维护团队规章制度的严肃性，是考验每个管理者的一道难题，也是检验管理者水平高低的一个重要标准。优秀的管理者往往能处理好这个难题，在坚持制度化管理的同时还能让员工感受他的仁爱之心。

第二章

造一个愿景,带领员工为梦想而努力

"梦"：团队愿景的力量

马丁·路德·金在林肯纪念堂前发表的著名演说《我有一个梦想》，为千千万万呼唤种族平等的人们构建了美好的愿景，引导和激励无数的人为这个梦想而奋斗；比尔·盖茨从在车库里敲打basic语言开始起步，但他坚信能让每家每户的每张桌子上都有一台个人电脑，20年的时间他带领微软成为互联网的霸主。

这就是愿景的力量。愿，就是心愿；景，就是景象。这个景象存在脑海里，是看不到的。愿景是个人在脑海中所持有的意象或景象，团队愿景就是团队所有成员所共有的意象或景象。对于一个团队而言，团队愿景是这个团队为之奋斗所希望达到的目标，愿景就像灯塔一样，始终为团队成员指明前进的方向，鼓舞和激励着所有人为共同的目标而奋斗。

管理者作为团队的领头人，必须学会用愿景引导团队。一个团队有了自己的愿景，就会对员工具有吸引力，就会让员工产生认同感。在追求团队愿景的过程中，员工相信他们所做的事是值得的，如果他们相信自己能够实现团队的"梦想"，进而实现自己的"梦想"，那么他们一定会认同企业，并且积极努力地行动。

稻盛和夫创办日本京都制陶公司之后，业务发展非常迅速。在迅猛发展的过程中，稻盛和夫经常要求年轻的员工每天要加班到深夜，即使星期天也不休息。慢慢地，一种不满的情绪在员工

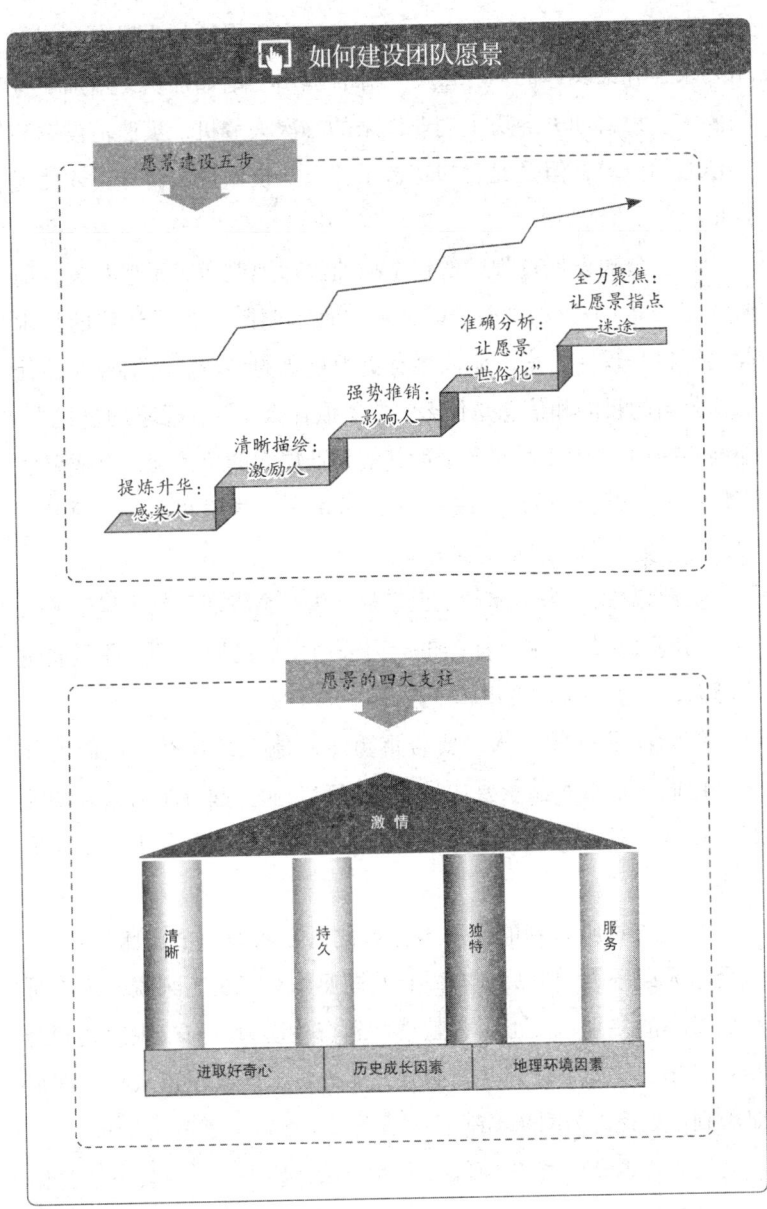

中间蔓延。一次加班之后，一群员工决定用强硬的手段向公司提出要求，并以集体辞职相威胁，并且提出了诸如加薪、增加奖金的要求。稻盛和夫经历了创业以来的一次大危机，虽然他没有同意他们的要求，但是此后却花费了三天三夜做说服工作，才使得这批人留了下来。

京瓷公司发展过程中的这个插曲深深地刺激了稻盛和夫，他陷入了痛苦的思考："本来以为创立京都制陶是为了让我的技术闻名于世，现在看来，应该还有更为重要的事情。公司究竟是什么？公司的目的和信念是什么？要争取什么？"在思索的过程中，他渐渐明白："让技术闻名于世其实是低层次的价值观，是次要的事情……经营公司的目的是为全体员工谋求物质和精神方面的幸福，为人类社会的进步贡献力量。"

从此以后，"为全体员工谋幸福，为社会发展贡献力量"成为京都制陶公司的追求目标，也成为公司发展的愿景。企业发展越来越大，员工的忠诚度也越来越高。

作为团队的领头人，要告诉员工，他们是什么？他们为什么？他们干什么？愿景要让员工能够和企业一起分享对未来的憧憬，让员工对未来有更大的期待，让员工获得一种强大的生命意义感。

好的愿景所起到的作用不仅如此，它宛如一个宏伟的目标，也会给人以压力和挑战。有没有共同愿景对于员工来说，绝不是表面微小的差别。员工的奉献精神和奋斗动力，与组织的共同愿景息息相关。如果没有共同愿景，那么员工连真正遵从指令都很难做到，更遑论为团队奉献了。

愿景能凝聚起团队中每个人的力量，使人产生一体感。当团队遭受混乱和阻力时，愿景能够引导团队继续遵循正确的路径前进。随着团队的发展，愿景会变得越来越重要，没有什么比一种清晰的愿景更能吸引人的了。

愿景对于一个团队来说具有神奇的力量，因为它并不只是一个想法，它是人们心中一股催人奋进的力量。它能感召一群人，让这群人为之奋斗。

建立团队愿景不是一蹴而就的工程，它的建立和完善需要细致的工作和漫长的过程。但是，梦想必须建立在现实的基础上，没有现实支撑的愿景往往成为水中月、镜中花。

愿景作为一种未来的景象，产生于领导者思维的前瞻性。如果管理者希望其他人能加入到团队的共同前进路径中，他必须知道要带领团队往何处去。有前瞻性并不意味着要先知先觉，而是要脚踏实地地确定一个企业的前进目标。愿景能激励企业一步步迈向未来。

每个优秀的管理者都应具备为团队"造梦"的能力，当一个梦想足够强大，会提高跟随者们的能动性、进步性、创造性，进而去构建一座此岸到彼岸的桥梁。

让个人目标融入团队愿景

团队愿景是一个团队努力奋斗希望达到的目标，它不仅是企业发展的方向，也是所有员工努力的目标，更是整个企业奋斗的动力。有时，我们在进行打造成功团队时，可能觉得为团队确定愿景还是相对比较容易的，但要将团队愿景灌输给团队成员并取得共识，可能就不是那么容易的事情了。

在一个团队的发展过程中，团队的愿景就担负着船帆的领航作用，它直接影响着团队这艘船的航行速度和航行距离。但若单单有船帆，掌握好了方向，而船身行驶得太慢，团队也无法在市场的海洋中乘风破浪。如何让团队运转跟得上团队目标，还需要船和帆的配合才行。如何配合？就是将员工的个人目标融入团队愿景。

　　一个团队要想做到可持续发展，不仅要树立正确的发展目标，更需要员工能与团队同心同德，方向一致。比如，几匹马拉一辆车行驶，如果几匹马朝着不同的方向前进，这辆车根本就不会前进；如果步调不一致，还会导致马倒车翻。而当所有的马朝着一个方向，步调一致地奔跑时，这辆车才能快速地前进。

　　管理者要设法将员工个人目标融入团队目标，使个人将注意力投向公司及部门的整体业绩，而不是自己的报酬和升迁。

　　团队成员会存在各自不同的观点，但为了追求团队的共同愿景，需要各个成员求同存异并对大家的共同目标有深刻的一致性理解，如何做到这一点，对于管理者而言并不是轻松容易的事。管理者希望员工能够敬业和服从，把团队的未来当成是自己的未来；对于员工而言，他们希望得到更多的回报，满足生活的需要，实现个人的价值。但是，管理者可以引导员工个人的目标融入团队发展的愿景中。

　　西点军校培养学员将个人目标融入团队目标，这是西点军校在学员训练方面的重要内容。

　　在西点军校巴克纳野战营，经常举行一个活动，让各组学员在几个小时之内完成组合桥梁的任务。

　　值得说明的是，这种活动用的组合桥，每一块桥面和梁柱都有几百公斤重，要抬起一块桥面，似乎是不可能的事。

将个人目标与团队目标相连

只有把个人的力量融入群体的力量之中,才能获得强大的力量;只有将个人目标融入团队目标,才能达到 1+1>2 的效果。

培养员工对团队的归属感,让员工热爱团队。只有每个员工都能强烈感受到自己是团队当中的一分子,他们才能把个人工作和团队目标联系在一起。

作为员工,其他员工遇到了问题,虽然不属于你直接负责的范畴,但只要和公司相关,就一定要尽自己最大的能力去协助、去帮忙,而不是事不关己高高挂起。

做完了自己的事情,就去看看其他人有什么需要帮忙的,怎么能玩游戏呢?

这个项目急着完成,你平时多加一下班吧。

好的,经理。

个人利益服从团队利益。为实现团队目标,个人需要放弃自己的一部分利益。员工要围绕团队共同的目标去奉献自我,并获取个人所得,分享荣誉。

于是教官启发大家，在战场上搭建这类的组合桥多半都有具体、迫切的目标，或是恢复重要物资的运输，或是逃避敌人的追击，或是进攻歼灭敌人，这个时候桥面能否搭起来就是一个生死攸关的事情。

这个时候，同一组的学员们建立了一个共同的目标：一起搭好桥，不仅是为了集体荣誉感，也是出于战场上紧急情况的迫切感。

于是学生们把个人目标融入了团体目标，真的发挥出了最大的潜力搭好了桥。要是没有这样的生死攸关的共同目标，要激发学生的潜力，合力搬起三四百公斤的大桥墩，并不是很容易的事情。

对团队而言，一个人的成功不是真正的成功，团队整体的成功才是最大的成功。管理者应当引导个人将自己的目标融入到团队的愿景中。

在许多国际知名企业中，比如通用电气、宝洁等，当一批新的员工入职后，他们都需要接受相当长一段时间的培训，并且在一段时间后还会不断地强化公司的理念。其目的就是让员工随时清楚地知道自己目前所处的位置，并且随时检查自己是否与企业的目标一致。

"能够将个人目标融入公司目标"已成为企业在招聘员工时衡量其素质的重要指标。一个人不能把自己的个人目标融入公司的目标，很难受到管理者的青睐。

员工也应该把个人目标融入到公司愿景当中，这样可以充分地利用团队的力量，提高自己的工作效率。那些只工作不合作，宁肯一头扎进自己的工作之中，也不愿与同事有密切交流的人，最后收获的只有低绩效的工作。很可能他们自己费了九牛二虎之力才实现工作上的突破，而通过团队的共同努力会很容易实现。只顾着个人目标，忽视将个人目标融入团队目标，很多心血很可能会白白浪费。

吴华大学毕业应聘到某公司上班。上班的第一天，他的上司就分配给他一项任务：为一家知名企业做一个广告策划案。

既然是上司亲自交代的，吴华不敢怠慢，就埋头认认真真地做了起来。他不言不语，一个人费劲地摸索了半个月，还是没有眉目。显然，这是一项让他难以独立完成的工作。但是，吴华没有去寻求合作，也没有请教同事和上司，只是一个人蛮干，甚至忽略了客户的时间要求。最后，他没有拿出一个合格的方案来。

吴华没有将自己的目标融入到团队发展中，结果导致了失败。组织目标与个人目标融合，目的是促使组织成员更加出色高效地完成自己的工作，促使团队更加高效地运转。一旦团队成员的思想统一到组织的整体思想体系中，团队成员认同组织的目标，把个人目标和团队愿景牢牢地结合在一起，那么，工作也就不会走弯路了。

同样的工作内容和方式，融入了团队愿景，带给他们的是心态上、精神上的巨大改变，原本平凡单调的工作升华为精致的服务。

当员工的目标与企业的目标保持高度一致时，管理者自然无须为他们是否会努力工作而发愁。作为一个管理者，需要将团队与员工的共同目标结合起来，这样才能激发员工最大的积极性和工作动力。

为员工指明前进的方向

在打造成功团队的过程中,有人做过一个调查,问团队成员最需要团队领导做什么,70%以上的人回答:希望团队领导指明目标或方向;而问团队领导最需要团队成员做什么,几乎80%的人回答——希望团队成员朝着目标前进。从这里可以看出,目标在打造成功团队过程中的重要性,它是团队所有人都非常关心的事情。

值得关注的是,团队中并非每个人都有目标和方向,有很多人并不知道自己需要什么,不知道内心真正的追求。这让人不得不想起毛毛虫的故事。

法国博物学家让·亨利·法布尔做了一项研究,他研究某种毛虫的习性。这些毛虫在树上排成长长的队伍前进,有一条带头,其余的跟着向前爬。法布尔把一组毛虫放在一个大花盆的边上,使它们首尾相接,排成一个圆形。这些毛虫开始动了,像一个长长的游行队伍,没有头,也没有尾。法布尔在毛虫队伍旁边摆了一些食物。但这些毛虫要想吃到食物就必须解散队伍,不再一条接一条前进。

法布尔预料,毛虫最终会厌倦这种毫无用处的爬行,而转向食物,可是毛虫没有这样做。出于纯粹的本能,毛虫围着花盆边一直以同样的速度爬行了7天7夜,它们一直爬到饿死为止。

一个重视目标管理的管理者,清楚自己和自己的团队该往哪一个方向走,并能在工作中不断地带领员工实现既定的目标,并朝更远的方向发展。管理者帮助员工指明前进的方向,也是一件很重要的事情。如果员工在工作中不能实现目标,对其自身、对

如何为团队制定共同目标

为团队制定共同目标，通常有以下三种途径：

> 好了，下面我来说一下我们下一季度的工作目标。

自上而下，由上司定，定完后下属接受。这是"控制系"领导喜欢的方式，他们不在乎下属的意见和反映。这种做法越来越没有市场。

> 李总，这是我做的我们部门下一季度的工作目标，您看一下。

> 嗯，挺好。

自下而上，下属定，定完后让领导批准。可充分发挥员工才智，提高员工积极性，有利于培养员工主人翁意识。

> 我们来讨论一下这个月的工作目标……

双方共同制定。可充分博采众长，使工作内容饱满，具有挑战性。

无论何种途径，管理者心里都应该有一个自己所希望的目标，然后充分地征求下属的意见。

第二章
造一个愿景，带领员工为梦想而努力

管理者、对整个企业都会造成影响，甚至会让企业付出代价。

管理者要对员工负责，帮助每个员工实现个人的目标。团队的成员有没有自己的前进方向，关系到他们对工作投入的热情与兴趣。如果他们的个人目标不能逐步实现，他们有理由对自己和企业的未来表示怀疑。

担任项目经理的第三个月，小陈突然发现自己这个经理相当失败：办公桌上散乱地堆放着文件，自己每天忙得焦头烂额，但进度表上显示的全是无法预期完成的工作，整个团队陷入了深深的困境。

症结究竟在哪儿呢？小陈找到团队中的几个骨干，与他们共同讨论。结果令他大吃一惊，每个人似乎都有自己的想法，然而每个人的想法又似乎很不成熟，讨论会变成了一场争吵会。小陈似乎发现了问题的所在，他说："我觉得我们最大的问题，是想法不统一。我们必须找到团队的共同目标，再依照这个目标将每个人的目标细化。"大家对小陈的建议表示赞同。半个小时后，他们确定了本月内必须完成的项目目标，并迅速进行了分工。

仅仅半个月，小陈就带领团队顺利完成了当初制订的项目计划。

管理者为员工指明个人的奋斗目标，是建立在团队目标的基础之上。基于此，管理者为员工指明了前进的方向，员工就能在执行的过程中体现自己的积极性和创造性，最终实现团队的目标。这样一来，既实现了团队的目标，也确保了员工的目标，员工因此而充满干劲，继续为团队的发展奉献自己的力量。

当把任务目标安排给员工，让他们去努力完成，管理者是不是就意味着自此高枕无忧，等着收获就行了呢？自然不是这样。

一个优秀的管理者，一定要注意非常重要的两个环节：一是为员工指明目标，另一个便是为员工的工作提供协助。

为员工指出前进的方向，首先需要管理者帮员工认清自己的目标。目标不能只是由管理者个人制定，而应该由管理者和员工共同拟定，至少要让员工明白自己努力的具体目标是什么。

有些管理者在分派完任务后，便忽视了对员工工作情况的关注，结果导致他们中有的人在错误的道路上越走越远，离目标也就越来越远。这就要求管理者对员工的执行过程进行一定的控制。

让梦想变得现实可行

一个团队能走多远，能取得怎样的业绩和成就，很大程度上取决于管理者的梦想有多大。优秀的企业管理者大多具备一些共同特点：建立在现实基础上的梦想是他们自己乃至团队奋进的不竭动力。

很多人不能说没有梦想，但他们抱着无所谓的态度去工作和生活。他们看起来努力工作，勤奋学习，但他们自己却不知道团队的愿景和自己的目标，因而他们的行动大部分是盲目的，他们的努力多半也成了无用功。

一个成功梦想的树立会使人的天赋得到充分的发挥，使心中的激情喷薄而出，推动着自己马不停蹄地向梦想迈进。如果梦想建立在不切实际的基础上，还不如没有梦想，因为这种梦想并不能起到激励和引导的作用，只能让自己漫无目地四处游荡，做事拖沓低效。

许多优秀的企业家在刚开始创业时条件艰苦，却总能让优秀的人才聚集在自己的周围，而这种魅力的源泉来自于追随者们相信团队的梦想终能实现。

百度刚刚创建的时候，工作、生活条件非常简陋。作为只有几名员工、在业内没有任何名气和地位的初创公司，在各种条件都非常艰苦的创业初期，该如何搭建团队，吸引人才？李彦宏所做的是给员工描绘美好的理想和远大的抱负，让员工相信在这个公司大有可为。胸怀远大理想，有执着追求、乐于艰苦创业的人才能走到一起，并且最终成就了今天的百度公司。

每个团队都应树立自己的目标，在不同的发展阶段，设定的目标也是不一样的。管理者首先要从明确企业的发展目标入手，不然极有可能带领企业走入迷途。但是，脱离实际发展的梦想容易让员工失望，唯有让员工相信企业的目标，才能最终提升团队效率。

实实在在的梦想，对员工而言就是实实在在的看得见的目标。人们都有这样的生活经验：给你一个看得见的靶子，你一步一个脚印去实现这些目标，你就会有成就感，就会更加信心百倍，向成功挺进。

1952年7月4日清晨，世界著名的游泳选手弗洛伦丝·查德威克从卡德林那岛游向加利福尼亚海滩。她的想法并非不切实际，她曾经横渡过英吉利海峡，如果这次她成功了，她会因此再创一项纪录。

这天的雾非常大，连护送的船只她都看不见。时间一小时一小时地过去，当她在冰冷的海水里泡了15个小时后，远方仍旧是雾霭茫茫，查德威克感到难以坚持，她再也游不动了。艇上的人们劝她不要向失败低头，要她再坚持一下。浓雾使她难以看到海岸，她不知道自己的目标还有多远。最后，冷得发抖、浑身湿淋

制定团队目标应注意的问题

制定团队目标时，除了知道如何制定目标之外，还要尽量注意以下几个问题：

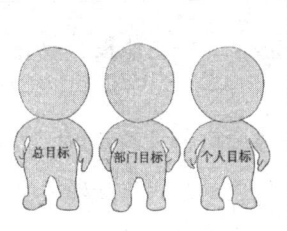

制定目标要多元化

多元化有三种方式：个人目标、部门目标、总目标。这是目标设定主体的多元化。所以，制定目标时，要充分保护设定主体的利益，才能调动工作积极性，实现总目标。

制定目标要体系化

目标应纵向的设定。每一个人的目标，是为了达成上级的目标而存在。如果没有上级的目标，则无从设定个人的目标。

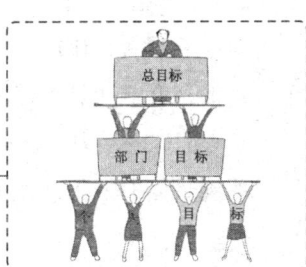

我们来讨论一下这个月的工作目标……

不要保密，目标定出来了以后，一定要通过各种渠道：会议、个别沟通、张贴公告等让所有的成员都知道，并进而内化为自己的工作动力。

淋的查德威克被拉上了小艇。

在这次挑战失败之后,她总结说,如果当时她能看到陆地,她就一定能坚持游到终点。大雾阻止了她夺取最后的胜利。事实上,妨碍她成功的是一眼望不到边的大雾,因为无法确定具体的目标。

两个月后,查德威克又一次挑战。这一次她没有放弃,终于一口气游到了美国西海岸。

梦想要看得见、够得着,才能成为可追求的梦想,才会形成动力,帮助人们向着梦想获得自己想要的结果。管理者应该得到这样的启示:千万不要让形形色色的雾迷住了员工的眼,要让你的员工相信你的梦想。

作为一个管理者,让员工能够明确团队的愿景和自己的梦想都是可实现的,就能让员工最大限度地发挥他们的能力。很多时候,员工没有工作的动力,显得懒散无力,并不是他们不想努力,只是缺乏明确具体的梦想,让他们没了奋斗的方向,不知从何处着手。

只有定下实实在在的目标,并制订相应的行动方案,在不断的实践过程中慢慢地接近目标,才能有助于员工理解企业的期望,并获取自身发展的动力,克服一切困难,最终取得成功。

具体说来,作为管理者,如何让自己的梦想和目标变得现实可行呢?以下几个步骤可以借鉴:

1. S—Specific:要具体

"做一个优秀的员工",不是一个具体的目标。"学习更多管理知识"更具体一些,但是还是不够具体。"学习更多财务管理知识"又更具体了一些,但是还不够具体。怎样才具体,要加上第二点：M。

2. M—Measurable：要可衡量

而要可衡量，往往需要有数字，把目标定量化。"读三本财务管理的经典著作"就更具体了，因为它有数字，可衡量。

3. A—Actionable：要化为行动

"做一个优秀的员工"不是行动，"读三本财务管理的经典著作"是行动。但是，实际上"读"还只能算是一个比较模糊的行动。怎样才算读？读了10页算不算读？匆匆翻了一遍算不算读？所以，还可以继续细化为更具体、更可衡量的行动，"读三本财务管理的经典著作，并就收获和体会写出三篇读书笔记"。

4. R—Realistic：要现实

如果你从来没有学习过财务管理的相关知识，或者从来没有写过任何一篇读书笔记，那么上面的目标对你不现实。如果你是个刚接触财务知识的基层领导，现实的目标应该是先读三篇财务管理的文章。

5. T—Time-limited：要有时间限制

多长时间内读完三本书？根据你的实际情况，可以是3个月，可以是6个月。因此，加上时间限制后，这个目标最后可能变成："在未来3个月内，读三本财务管理的经典著作（每月一本），并就收获和体会写出三篇读书笔记（每月一篇）。"

第三章 树立威望,让员工心悦诚服地跟随

适时地表明"我是领导"

作为团队的管理者，如果具备威严感，就能给下属以一种难以言表的威慑力。管理者可以态度温和，可以在非工作场合与下属打成一片，但你一声令下之时，下属要表现出令行禁止的态度出来。

做到这些，需要在平时以严格的规定来约束下属，适时地表明"我是领导"，以威慑力来震慑下属。在中国历史上，不少皇帝都深谙此道，让臣下明白自己才是君主，以维护其统治的威严。

在宋朝以前，上朝时宰相是有座位的。宰相上朝没有座位，据说始于宋太祖赵匡胤。有的说法是赵匡胤陈桥兵变，黄袍加身，正式登基的第二天，从后周继承下来的宰相范质上朝奏事，开始还坐着讲，正讲着，赵匡胤突然打断他说："你先不用讲了，把文稿拿我看看。"范质遂起身把文稿捧给他看，赵匡胤说："我老眼昏花，你再拿近一点。"范质就又凑近了一点。等皇帝看完了，范质再想坐下，却发现椅子已经没了。

原来趁范质站起来的时候，皇帝悄悄让宦官把椅子搬走了。范质没有办法，只好站着。从此以后，宰相上殿就再也没了座位。

雍正二年四月，雍正皇帝因平定青海一事受百官朝贺。刑部员外郎李建勋、罗植二人君前失礼，被言官弹劾，属大不敬，依律应该斩首。雍正说："大喜的日子，先寄下这两人的脑袋。后面的仪式，再有人出错，就杀了他们。那时候，可别说是朕要杀人，而是不守规矩的人要杀他们。"也就是说，这两个人死不死，取决于别人犯不犯错误，而犯错误的人不但自己要受处分，还要承担害死别人的责任。

雍正皇帝通过借题发挥，给下属以颜色，树立起了自己的威严，达到震慑下属的目的。

一般情况下，领导给我们的印象就是要做到令出必行、指挥若定，必须保持一定的威严，这就是"王者风范"。道理很简单，在管理者与下属关系上，没有令对方与下属感到畏惧的震慑力，是不容易行使职责的。只是有一张和蔼的脸、一番美丽动听的言辞有时起的恰恰是反作用。

当然，威严不是恶言相对，破口大骂，整日板着面孔训人。只是在工作时对待属下必须说一不二，发现了属下的差错，绝不姑息，立即指出，限时纠正，不允许讨价还价。只有让下属产生敬畏之心，才会使你的团队在有如万马千军冲锋陷阵的激烈竞争中游刃有余。

在当今世界摩托车、赛车和汽车的王国里，有一个光环四射的名字，他就是本田车系的创始人——本田宗一郎。本田对日本汽车和摩托车工业的发展做了努力，先后获得日本天皇颁发的"一等瑞宝勋章"，获得美国底特律汽车殿堂"悬挂肖像及光荣事迹"的殊荣。

本田宗一郎之所以有如此辉煌的成就，和他持有的处世原则——铁面无私是分不开的。虽然备受下属敬重，本田宗一郎并不是一个睁一只眼闭一只眼的老好人。本田公司的技术干部都曾受到本田的严格训练。如果他们不注意，违背了本田的方针，那

领导身份的经营

领导要适当表现自己的"身份"。"身份"虽看不见摸不着，却可以真真切切地感受到。领导的身份不是靠权力和制度来划定的，而是日常工作中有意"经营"出来的。

在办公室里跟员工讲话，要亲切自然，不能让员工过于紧张，以利于对方更好地领会自己的意图。

在公开场合讲话，比如在公司大会演讲、做报告，就要威严有力，有震慑效果。

遇到员工意见与自己意见相左的情况，可以明确给予否定。如果意见确实对公司、对自己有利，也不要急于发表看法。

就会随时遭遇一场"暴风雨"的袭击。前董事长杉浦在任技术研究所所长的时候，在其部属面前被本田揍了一顿，本田很有做事原则。

一天，杉浦正在办公室工作，突然一位部属通知他说董事长找他。杉浦急忙赶到本田那里，以为有什么好差事要指示。本田二话不说，出乎意料伸出右手，打了杉浦一巴掌。杉浦不知何故，忙问："董事长，到底出了什么事？"

"谁叫他们这样马虎地设计？是你吧！"杉浦还没来得及开口为自己辩护，又挨了本田一巴掌。杉浦很气愤："董事长，你怎么不听解释就动手打人？"他心想，设计问题，自己固然有责任，但我是有1000名部属的研究所所长，至少有一点权力，没必要当众羞辱我，以后让我在部属面前如何立足。他于是想辞掉这个差事。

杉浦正要提出辞职的时候，猛然发现本田的双眼湿润，他有些怀疑，难道董事长也会责怪自己过于鲁莽？还是恨铁不成钢？似乎都有。杉浦顿时领悟到，董事长是诚心诚意要帮助他，哪怕一个零件也不能粗心大意，必须严谨、认真、细致，防止任何差错的出现，否则，不可能生产出顾客信赖的商品。这是董事长的"机会教育法"，打他是为了要大家了解技术、质量的精益求精。一想到这儿，杉浦的怨恨情绪也烟消云散了，于是对本田说：

"对不起，我错了！我要好好改过……"

"我也有错，不该随便打人。"本田脸上现出坦率的歉疚之意，并拍拍杉浦的肩膀。

本田利用王者风范既保护了自己的形象与威严，又教育了下属，更主要的是挽救了公司的声誉与利益。

本田还非常忌讳抄袭别人的东西，他崇尚创新，如果某个员工犯了这种错误，他大发雷霆是正常的。他常说："什么！照别人的葫芦画瓢？哼，真没出息。我们追求的是世界第一，不管有什么困难，不管别人会不会做，我们都要尽力把它做好，这才是本田人的与众不同之处！"

领导保持自己的威严，最重要的就是给自己找好定位，不能靠下属太近也不能太远。过于亲密就可能淹没你的职位，过于疏远则可能让人不敢靠近，让人把你供起来这绝对不是一件好事。对下属们软硬兼施，打一打，拉一拉，让下属忠心为领导服务，共同创造效益。

适时表明自己才是领导，不和下属靠得太近，你个人的威信才有可能提升。

以恰当的距离对待下属

管理者一定要给下属一种公平合理的印象，对待每个人都要客观、公正，让大家觉得机会均等、人人平等，这样他们才会积极主动地做事。成功者戒骄戒躁、精益求精，后进者不断上进、积极追赶，只有形成这样一种氛围，才能进行有效的管理。

管理者在处理与下属的关系时，要一视同仁、不分亲疏，不能因外界或个人情绪的影响而表现得时冷时热。有些管理者虽无厚此薄彼之意，但在实际工作中难免愿意接近与自己爱好相似、脾气相投的下属，无形中冷落了另一部分下属。因此，管理者要适当地调整情绪，增加与自己性格爱好不同的下属的交往，尤其对那些曾反对过自己且反对错了的下属，更需要经常交流感情，防止造成不必要的误会和隔阂。

有一种倾向值得注意：有的管理者把同下属建立亲密无间的感情和迁就照顾等同起来。对下属的一些不合理，甚至无理要求也一味迁就，以感情代替原则。这样做，从长远和实质上看是把下属引入了一个误区。而且用放弃原则来维持同下属的感情，虽然一时起作用，但时间一长，"感情大厦"难免会倾覆。

保持管理者的权威，距离上的问题不可轻视，它是一个至关重要的因素。一般的距离可分为以下三种：

1. 远距离透析

所谓远距离透析，就是在广泛接触交往的基础上，利用辩证唯物主义的观点看待一个人，是源于接触又高于接触，通过交往来看其本质。这就是说，要全面、辩证、实质地观察、衡量、看待一个人。所谓"全面"，就是不仅看到一个人的现处地位或社会氛围的表现，而且要看其作为一个普通人的政治品行、性格修养、处世态度及一贯作风；不仅要单独分析个人的所思所想、所作所为，而且要进行一般透视，透析单个人在团队群体中的表现状况，特别是在群众当中，在"8小时以外"的威望和评价。

每个人的生活经历、成长过程各有曲直，客观地掌握评价一个人在过去历程中的成败得失，特别是在重大历史事件、骤起的政治风波以及人事变故面前所表现的政治立场、政治信念、政治鉴别力，以及处理问题的方法和能力，是非常必要的。透过现象深入本质，剖析一个人的价值取向直至内心世界。我们不但要听其言，还要观其行；不但要明其心，还要见其实。总之，进行远距离观照，可以避免主观因素的影响、因个人好恶丧失原则、凭一时一事成败对错分良莠。

2. 近距离交流

交流是尊重人格、平等待人、消除隔阂、增进友谊、相互启迪、达成共识的一把钥匙，也是管理者了解下属、掌握主动的一种方法。因此，管理者必须学会、善用这一"专利"，做到言尽心至，不留缝隙。既然是交流，就应当平等相待、倾心相交，没必要隐隐藏藏、心存戒备。这就是所谓的零距离。

首先，坦坦荡荡以诚相见。交心、谈话、议事，坦诚为上。用诚心，才能见真情，即便是平时不敢谈、不能谈、不便谈的话，只要彼此真诚，总能找到交流的途径，并且这种坦诚要贯穿交流的全过程。

其次，充分信任，全盘托出。管理者要鼓励下属讲实话、讲真话、讲心里话；下属也希望管理者不端架子、不讲套话，在彼此充分信任的基础上，把各自的想法全盘托出，做到知无不言、言无不尽。

再次，鼓励发表意见，求同存异。既然是交流，就应当允许对问题有不同的看法，甚至是完全相左的意见。管理者应该也必须注意倾听各种不同的声音，因为不同的声音中，不乏金玉良言。当然，不同的声音中，也会有错误的东西，管理者也应有气度、有雅量，批判地吸收、辩证地看待。只有多交流，才能共同完成任务。交流的过程，既是倾心交流的过程，也是换位思考的过程。因此，管理者与员工都要学会换位思考，设身处地地为对方考虑。这样，既能很快地拉近距离，又能较好地产生共鸣，从而达到交流的目的。

3. 等距离沟通

管理者不应以自己的主观意见判断人和事。提倡等距离沟通，

不要对下属无原则地过分亲密

我们不要靠太近，会使彼此受伤的。

刺猬效应是指刺猬在天冷时彼此挨拢取暖，但保持一定距离，以免互相刺伤的现象。其实，管理者与下属之间也是如此，既不能没有联系，更不能无原则地过分亲密，所以，管理者在与下属相处时要注意。

你跟王总关系那么好，还在乎这个？

我们不是你想的那种关系。

异性管理者与下属之间要注意保持距离，否则，容易引起误会。

好兄弟。

我既然是你的好兄弟，你就不能批评我工作不好了吧！

不能与下属打成一片、称兄道弟，这样不利于管理者权威的树立。

总之，距离产生美。作为管理者，必须摆正自己与下属的位置。与下属保持适当的距离，不即不离，亲疏有度。

就要求管理者要广泛而平等地与下属沟通，从而寻求更大范围的沟通空间，求得更大程度的理解和拥护，形成以团队管理者为圆心，以与各下属平等沟通为半径的一个圆。否则，只能形成以管理者和个别人为点的一条线或几条线。只有等距离沟通，才能广泛做好管理者的本职工作，树立自己不容侵犯的威信。

管理者的权威通过等距离沟通而增强，就必须变被动为主动、变等下属沟通为主动与下属沟通，让下属想跟你沟通、愿意跟你沟通、敢跟你沟通；等距离沟通，就必须不分亲疏、广开言路、开门纳谏；等距离沟通，还必须深入到团队中的每一名成员，了解其最基本、最迫切的需求。

领导的威信是"讲"出来的

在众多员工面前 hold（控制）住场面，这是一种五位一体的工作艺术。管理者要把自己的主张和见解传输给听众，要把内部语言转化为外部语言，有时其中渗透着强烈的感情因素，这就需要透过语言、表情、眼神、动作、肢体行为等方式来协同传输外部语言，让员工接受你的观点。

如何控制及驾驭场面呢？以下是一些常用的方法：

1. 目光控制

眼睛是心灵的窗口，如果眼神不够坚定、不够自信，就会出卖你。每次大声讲话的场合、对象都不一样，也许这场听众的水平是不如你的人，你会发挥得很好；也许台下是比你更优秀的人，你便失去自信，大失水准，目光不敢与听众接触了。

作为管理者，必须要求在眼神上不能输给员工，无论面对什么样的员工，都要做到"目中无人"，当然还要做到心中有数。目中

领导者如何提高自己的讲话水平

一个口才欠佳的领导，难以在现今的工作环境中支撑局面，稳步攀升。所以，作为领导者，怎样才能提高自己的讲话水平呢？可以从以下几个方面来着手：

开好头——一鸣惊人

在领导讲话的最开始，单刀直入，开门见山，把主要内容等用简练的语言告诉大家。当然，手法要新颖，要以不凡的开头，达到一鸣惊人的效果。

控篇幅——长短适宜

善于把握听众的心理，注意控制讲话的时间：该长则长，该短则短。大力提倡一种讲真话、实话、新话、短话的"话风"。

结好尾——留有余味

文无定法，结尾也有各种方式，但是绝不能虎头蛇尾，前紧后松。

扮角色——分寸有度

在讲话之前，一定要找准切入点，明确自己的身份，讲究讲话的策略，注意讲话的分寸，以防出现不对、不妥、不当、不够等有失分寸的情况。

无人是要将自己的自信和果敢通过眼神传达给员工，让听众信服。

不要让自己的眼神游离于听众，否则传达给员工的信息是你不自信。管理者讲话时的眼神在环视全场之后要时刻关注听众。在听众较少的情况下，和听众目光相遇的时候不要立刻移开，而是需要交流一下，传递你的感情。其实，你也可以直视听者的眉心，让他感觉你在看着他。

2. 声音控制

声音是传达情绪的工具，如果声音颤抖，说明你紧张、激动或愤怒，因此，控制声音对小场面交流十分重要。

面对大场面，就要声如洪钟，震撼全场，根据所说的内容的变化、气氛的变化适当调节语气、语调。在现场非常压抑而且非常安静的时候，适当放低音调、音量，让员工更加专注地去倾听你的讲话。

场面大声音大，场面小声音小，把握声音的高低，做到全场的人都可以听到，同时在现场也不要用力喊。无论高或低都要适度，而且要相互配合，语音抑扬顿挫。该停顿的时候就停顿，让员工的情感随你的声音起伏变化，最终达到控场的效果。

3. 动作的控制

开始和很多员工讲话前，可以用双手示意场上安静；讲话时，讲着讲着忽然挥手示意，让员工活跃起来。这一系列的动作都是控制场面的方式。每个领导者都可以有几种属于自己的动作，可以随时用动作调动场上的气氛，控制场上的局面。

4. 内容的控制

但凡讲话都应该有一个主题和中心，紧紧围绕主题展开，不偏离主题，这是内容控制的首要要求。

第四章

尺有所短寸有所长,
把人用在恰当的地方

人岗不匹配是人才资源的浪费

有这样一个寓言故事：

有一个农夫花了多年的积蓄在市场上买了一匹千里马，回到家后却发现实在没有用到千里马的地方，于是便让它和一头驴子一起拉磨。但千里马终究不是用来拉磨的，并且用千里马来拉磨也不得其便，拉磨的效率也不高。农夫很生气，就用鞭子使劲儿抽打它，过了一段时间，千里马被打死了。

有了这次经验，农夫再也不买千里马了，为了和驴子搭配，他就又买回了一匹骡子。骡子和驴子很和谐，干起活来，搭配得很好，磨坊的工作效率很高。

有一天，农夫得了急病，需要立即送到城里救治。家人拉出了骡子，骡子在磨坊里待惯了，任凭农夫的家人如何抽打它，它始终跑不快。抽打得急了，骡子就更加放慢了速度，最后索性在原地转起圈来了。家人无奈，只好迁就骡子，晃晃悠悠地赶往城里。因此延误了治疗时机，农夫落下了后遗症。

千里马最优秀，但是因为被放置在不合适的工作环境里，活活被折磨死。骡子本来也是很优秀的，和驴子搭配起来，能够为团队产生很高的经济效益。但是，却被抽调出来拉马车，这本是千里马的长项——结果，骡子也会累死在它不适合的岗位上。

这个寓言故事所反映的现实不是经常在我们身边发生吗？没

造成人岗不匹配现象的原因

在人员招聘方面,不能明确岗位要求,不能实现职得其人。

在人员的任用方面,不能充分认识员工的能力,就像著名的"彼得原理"所描述的那样:每个员工最终都会晋升到不胜任的职位上。

在人员的职业发展方面,不能意识到人岗匹配具有动态性的特点,没有意识到需要向员工提供与其职业规划相近的、适合其特点的培训。

有最好的人才，只有最合适的人才。精明的团队管理者对待人才要做的就是将合适的人才放在合适的位置，达到人事相宜。

很多管理者认同"没有平庸的人，只有平庸的管理"。传统的管理把人看成一个模子，仅仅依照工作的制度安排人的位置，结果许多讷于言辞的员工被安排去外联，许多善于表达的员工被安排做机械性工作……作为一名优秀的管理者应该知人善任，让自己的下属去做他们适合的事情，这样才能实现人岗匹配。

有的员工谨慎小心，有的员工讲究速度，有的员工非常善于处理人际关系，有的爱表现，有的好安静……总之，员工的类型有很多，管理者需要做到的就是人尽其才，才尽其用。作为管理者，要懂得把适合的人才安排在适合的岗位上，做到资源的优化配置。

团队唯有通过不同岗位人才的配合，才能最终实现良性发展。但如果优秀的人才没有用好，团队的运营也会出问题。

为了扩大规模，某团队高薪招聘了20多位出色的人才，优越的工作环境、高薪的挑战等都让这些人跃跃欲试。然而，不到半年的时间，看似强大的团队却问题连连，团队的工作效率较之规模扩大前明显降低了……

这样的情况在不少团队都能见到。人才具有相应的能力，但并不表示管理者就能充分用好这个人才。作为管理者，要能够认清不同下属之间的差异，找到他们之间不同的特点与优势，这样才能在安排任务时做到合理，让他们在最适合的位置做最适合的事。

对于管理者来说，在用人的时候不仅要学会伯乐识马，选合适的人才进公司效力，更要把优秀的人才放到合适的岗位上，发挥他应有的作用。

一个人只有处在最能发挥其才能的岗位上，才有可能干得好，把自己的能力全部发挥出来，为团队做出最大的贡献。

四季酒店是一家世界性的豪华连锁酒店集团，在世界各地管理酒店及度假区。人才是四季酒店成功的重要原因。

四季酒店总是很容易找到团队最需要的人，然后把他放在最合适的岗位上，为团队创造出最大价值。四季酒店用人最大的特点就是无论是高学历者还是普通学历者，包括"海归"，都需要从基层做起。酒店负责人吴先生认为，一名优秀的员工，哪怕是把他放到最基层的位置上，经过一些时日，肯定会比其他人"跑得快"。吴先生说："曾经有个新人，学历背景很优秀，能力也很强，他信誓旦旦说要在两年内做到部门经理。我当时立刻否决了他。不管一个人多优秀，在四季要做一个部门经理至少需要 15 年的时间，这是许许多多前辈留下的经验，是经过实践检验的，我不认为会有特例。所以，一个人需要磨炼，更需要有被磨炼的耐心。"

正是对员工孜孜不倦的长期打磨，使团队充分了解到员工的特点、特长、能力和发展潜力，无论员工晋升和调岗，团队总是能最快地实现人岗匹配，从而保证酒店不因为人员的调动而降低组织运行效率。

优秀的管理者从来都不把人岗的匹配问题当作是小事情。管理者应采取正确的措施和手段对人力资源进行合理配置，合适的人工作在合适的岗位上，这将会使得员工的工作绩效、工作满意度、出勤率等得到提升，从而提高组织的整体效能。不要大材小用，也不要小材大用，要量才而用。

人岗匹配才能使人才发挥最大价值，为团队创造更多绩效。

但是，要想完美实现人岗匹配，首先要做的工作就是要了解工作的特性。只有了解工作的特性，才能在人才使用上有的放矢。

人才与否，要看放置的位子

德国管理界有一句名言："垃圾是放错位置的人才。"这句话揭示了最简单的道理：是不是人才，关键是看把他放在什么位置上，让他去做什么事，只要他在这个位置上能够做好，做出成绩来，他就是人才。

当今的社会，人人都可能是人才，但一定是放对了地方的人。而没放对地方的人，就不是他正在工作的岗位所需要的人才。因为，他们真正的能力或许与自己的岗位要求并不相匹配，因而不能使自己的价值得到最大的发挥，同时也不能在工作中创造效益，自然也就不是什么人才了。

古语有云："骏马能历险，耕田不如牛；坚车能载重，渡河不如舟。"读过《水浒传》的人，可能对书中两个人物的印象比较深刻。一个是号称"黑旋风"的李逵，另一个是"浪里白条"张顺。李逵武艺高强，张顺与他在岸上比武，怎么也不是他的对手。可是，张顺引李逵到水里比试，结果张顺如鱼得水，占了绝对上风。

李逵和张顺在不同环境下的表现绝然不同。可见，人各有所长，也各有所短，所长与所短是相对于一定的环境和条件来说的。

一位优秀的团队管理者，假如把每个下属所擅长的方面有机地组织起来，就会给团队的发展带来整体效应。因此，高明的领导者应趋利避害，用人之长，避人之短。

三国时的魏国成为最强盛的国家，与东汉后期曹操的知人善任是分不开的。当时曹操身边人才聚集，奠定了魏国的基础。

公元215年7月，曹操西征张鲁，东吴孙权见有机可乘便率军攻打合肥。当时镇守合肥的是张辽、李典、乐进等三员大将。这三个人无论资历、能力、地位、职务都是旗鼓相当，不相上下。

也正因为如此，三个人互不服气，谁也不愿意成为被统率的人。面对孙权的大军，三人在是战是守，以及谁为主将、谁为副将的问题上一直不能取得一致意见。曹操经过深思熟虑，依据三人的特点，做了如下安排："若孙权至者，张、李将军出战，乐将军守城。"一开始，三人对于曹操的安排都有意见，但最后迫于曹操的军令，不得不以大局为重，各负其责，协调一致，最终大败孙权。

正所谓"知人者智"，曹操能让三人扬长避短互相配合，可见曹操善于用人之一斑。他最终能够雄霸天下，这和他对人才的运用也是分不开的。

世上没有绝对无用之人，只有没有用好的人。正如唐代大诗人李白所言："天生我材必有用。"领导干部的任务在于，努力发现每一个人的闪光点并恰当加以利用。

在常人眼中，短就是短，而在有见识的管理者看来，短也是长，即所谓："尺有所短，寸有所长。"在成功的管理者眼里，人才通常都会具有很多特点，要用人之长、避人之短，关键在于你如何去运用他。

美克德公司是一家经营唱片和音响的日本团队，在"二战"前名声显赫。由于战争影响，这家拥有一流人才的公司，却迟迟不能开展重建工作，最后由松下电器公司接管。为了使它从战败的挫折中复兴起来，松下幸之助非常慎重地思考经理的人选。最后，他决定把这个重担托付给野村吉三郎。

野村在"二战"期间曾担任过海军上将，退役后转任外务大臣。虽然他在团队经营方面没有经验，但他的长处就是善于用人。这个人事决策使许多人大感意外，他们认为野村对团队的经营完全是外行，对唱片、音响更是一窍不通，让一个门外汉主持美克德的工作，简直就是无稽之谈。但松下看好野村会用人的优点，坚持自己的看法。事实上，野村主持美克德业务时，的确对这个行业非常不熟悉。

有一天，在干部会议上，有人提议要和美空云雀签约出唱片，野村却问："美空云雀是谁？"美空云雀是日本排行第一的红歌星，拥有众多的歌迷，可说是当时家喻户晓的人物，像这样有名的艺人，身为唱片音响连锁团队经理的野村居然不知道，这让很多人觉得不可思议，也成了外界讥讽他的材料。有人说："一个唱片公司的经理居然不认识美空云雀——那他一生中能认识几个人呢？"

然而，一个人优秀与否，既要靠才能也要靠合理的运用。野村对唱片业不太了解，却非常善于用人，所以松下让他去做唱片店的经理而不是去推销唱片，这正是松下用人的高明之处。事实也证明他的这个用人策略是完全正确的，正是这位不认识美空云雀的经理，使美克德迅速地从战争的废墟中复兴起来。

松下这种用人之长、避人之短的人事决策，充分体现了其独具慧眼的识人之术。知人善任是团队管理的核心，是团队全体管理者的重要工作和共同责任。

管理者要注重发挥人才的长处和优势，合理地使用、培育人才和留住人才，形成有利于人才发展的环境和文化。

但需要提醒管理者注意的是，你所需要的不一定是最优秀的人，但一定是最适合这个岗位的。人才的使用要根据岗位而来，因为只有最合适的才是最好的。

合理搭配，干活不累

一个团队里必定包含不同的人，这样的团队才能有活力。如果整个团队都是严肃的人，团队的气氛可能就比较压抑；如果整个团队都是老年人，团队可能就失去了活力。

对于管理者来说，合理搭配用人是值得关注的事情。管理者在使用人才时，应重视人才的合理搭配。使团队内各种专业、知识、智能、气质、年龄的人员，组成一个充满生机的整体优化的人才群体结构。这样做，不仅能充分发挥每一个人的个体作用，而且可使群体作用功能达到 1+1>2 的状态，并在整体上实现最佳的客观功能。

团队中的每个人能够在自己的岗位上发挥自己所长，斗志昂扬地工作，内心的不满必然减少，矛盾也就自然化解。

清代有位将军叫杨时斋，他认为军营中无无用之人：聋子，安排在左右当侍者，可避免泄露重要的军事机密；哑巴，可派他传递密信，一旦被敌人抓住，除了搜去密信，再也问不出更多的东西；瘸子，宜命令他去守护炮台，可使他坚守阵地，很难弃阵而逃；瞎子，听觉特别好，可命他战前伏在阵前听敌军的动静，担负侦察任务。

杨时斋的观点固然有夸张之嫌，但确实说明了这样一个道理：任何人的短处之中肯定蕴藏着可用之长处。在现代团队中，管理者也应当善用有短处的员工，让每一个曾经被看作是"污水"的人，也能够最终成为团队中的"美酒"员工。

10个只懂物理学的物理学家，只不过具备物理才能；而由数

团队需要优势互补

很多管理者总是抱怨自己的手下能人太少,其实不是能人少,而是大家重个人,轻团队,不如建立一个互补型的团队,各自发挥优势,这样才能有好的成绩。

领导者用人不仅表现在人才的量的多少上,而且还在于其人才的优势组合与搭配上。组合得当,则事半功倍,如果组合不当,一加一则可能会等于零,甚至是负数。

无论男性或女性,长时间从事某一单调工作时,都会效率低下。但增添了异性后,这种情况马上会得到缓解,而且效率特别高。这也是一种优势互补。

第四章
尺有所短寸有所长,把人用在恰当的地方

学家、物理学家、化学家、文学家、经济学家、工程技术学家等组成的 10 个人的群体，就会产生更大的功能。除了知识、才能要互补外，还有年龄、气质、个性等方面也要互补。

如某一个单位，只有高级工程师或工程师，而缺乏助理工程师和技术员。那么这些高级工程师和工程师就会花费时间和精力来忙于本来应由助理工程师和技术员担当的工作，这就是高级、中级、初级知识水平的人才不配套所造成的人才浪费。

俗话说："男女搭配，干活不累。"这种情形并不是恋爱似的情感或者寻觅结婚对象，而是在同一办公室中工作，如果掺杂异性在内，彼此情感在不知不觉中就会融合许多。大多数人都认为办公室内若有异性存在，就可缓解紧张、调节情绪。像这种男女混合编制，不但能提高工作效率，也可成为人际关系的润滑剂，对矛盾产生缓冲作用。

此外，团队必须有一个梯形的年龄结构，应由老马识途的老年，中流砥柱的中年和奋发有为的青年这三部分人组成一个具有合理比例、充满希望的混合体。只有这样，才能发挥其各自的最佳效能。

大多数团队均选用年轻下属工作，却不考虑老、中年下属也有其优点。比如在一个行业里工作多年的下属，必然对该行业有很多见解，就像一本活的字典，有着丰富的宝藏。

由于个人的生活环境存在差异，自然形成了性格、素质的独特性。有的人办事迅速、行动敏捷；有的人沉着冷静，勤于思考；有的人感情内向，做事精细、耐力持久等。

可以说，懂得合理搭配人才的管理者才能称之为优秀的管理者。

分配工作要学会量才适用

《孙子兵法》云:"故善战者,求之于势,不责之于人,故能择人而任势。"意思就是说,优秀的将帅善于捕捉时机,选择合适的人才,形成有利的形势。

有的管理者在选择团队成员的时候,认为只要团队成员的能力强,就能给团队带来正能量。殊不知,如果能力不与职位相匹配,即使是天才也难以发挥原有的战斗力。

不幸的是,很多管理者并没有学会如何给员工分配工作任务、给员工分配什么样的工作任务,没有学会在员工完成工作任务的过程中表现出必要的耐心。

把工作任务分配给员工去完成,对于大多数人来说并不是一个本能的反应。凡是能够有效开展工作的管理者,他们知道如何确定哪些工作任务应该或者不应该分配给自己手下的员工,也知道采取哪些措施来帮助下属员工成功地完成各自的工作任务。

日本某团队有一名员工最大的毛病就是上班时爱打盹儿,主管们很为这名员工的出路发愁,最后想来想去终于为他找到了一个好的工作,安排他到街上卖睡衣。这名员工在街上一边卖,一边就睡着了。顾客也因此认为睡衣的质量绝对过硬,它有催眠的功能,因此睡衣非常畅销。

这个故事告诉我们,每个人都有自己的长处和短处,管理者应该学会量才使用,以便扬长避短。古人云"峰谷并存",意在说明山峰越高峡谷也就越深,用今天的话来表达就是优点突出,缺点也突出,其实这属于正常现象。作为管理者应把员工安排到最合适的岗位上,把员工的长处用到极致。

如果想要成为一名出色的管理者，必须深谙把工作任务分配给下属员工去完成的重要性。要想取得成功，需要对整个团队的工作目标有整体的了解和把握，在此基础上确定应该如何实现这些目标。这通常要求管理者把具体的工作任务分配给下属员工去完成，以便给自己留出更多的时间对下属成员进行管理，帮助他们提高技能，保持员工队伍的工作士气。

有一个证券公司的经理曾经非常困惑。很多工作十分努力、工作能力突出的员工，在接受他委派的任务后却不能圆满完成，这使他百思不得其解。最终，一个离职员工的话使他茅塞顿开。

这个员工对他说："经理，我很喜欢咱们公司的工作环境和工作氛围，但是我发现这里的工作并不适合我。开始您让我去跑销售，别人很轻松就能完成的任务，我很多天都无从下手。那个时候我非常不开心，觉得自己很笨，甚至非常灰心。后来一次偶然的机会，我进行了职业测评。测评的结果让我很惊讶，原来我不是比别人笨，也不是我不愿意干好，而是我在做一个不适合自己的工作。我以前一直在证券、期货、市场里面辗转，但是越干越不顺心。经过职业测评我发现，我是一个内向气质的人，与人沟通的能力和意愿较弱，回避失败的倾向非常高，且冒险和争取成功的倾向非常低。但是同时我处理细节的能力非常强。因此专家建议我应该去做财务、库管之类，需要细心、操作性强的工作。所以我决定重新调整自己的人生目标。"

听完这个员工的话以后，经理顿时觉得如同醍醐灌顶。他意识到："与这个员工选择职业一样，分配工作也是同样的道理。在分配给员工任务之前，我有必要对每个员工都有一个全面的了解。我需要了解员工属于哪一种特质，适合哪一类型的工作。性格活

工作要与能力匹配

选好用好员工,一个前提和基本条件是工作要与能力相匹配,力求做到量才适用、用当其位。

泼的人,适合有挑战性的工作;性格内向的人,适合稳定的工作;还有的人擅长与人打交道;有的人则适合与物打交道。造物者给了人类千千万万种性格,其中也含有一定的共性。按照这种共性分类分析,就能把工作分配给最适合的人了。"

管理者在分配工作时理应注意方略,要认真考虑哪些工作可以或者应该交给自己手下员工去完成。如果不经过认真的思考就做出决定,整个团队的工作环境将陷入没有秩序的混乱状态。管理者首先要从确定自己的核心职责做起,然后再确定哪些职责可以交给自己的下属员工去承担、哪些工作任务可以交给他们去完成。

管理者在给下属员工分配工作之前,一定要先了解整个团队目前的工作状况。如果一名工作能力很强的下属员工已经很忙,为了完成手头的工作任务需要加班加点,那么就不适合再给他分配新的工作任务。如果决定把某项工作任务交给一名员工去完成,一定要告诉他为什么要交给他这项任务,再同他一起制订工作计划。

在管理者决定把某项工作任务交给某一名下属员工完成之前,一定要确定这名员工有没有成功完成这项任务的能力。不要想当然地认为所有的员工都有能力应对所有的问题——必要的情况下要给他们提供指导和培训。

还有一点也非常重要,那就是管理者要向下属员工彻底说明对他们的工作期望,然后密切监控工作的进展情况。当然,这并不意味着当工作出现问题的时候,管理者就要立即介入,代替下属员工去解决工作中的具体问题。相反,管理者应该预计到工作进行过程中可能会出现的问题,为下属员工成功解决这些问题提供必要的支持。

其实,管理者在每次分配任务时,都应该检查一下自己的个人动机。有些管理者背负着不太好的名声——把那些不好完成的工作任务甚至是"烫手山芋"交给员工去完成。在决定把某项工作任务交给员工去完成之前,管理者应该先问问自己为什么要这样做。

如果是因为这项工作任务不好完成,或是很容易得到负面反馈的话,那么最好还是把这项工作留给自己。

第五章
对员工寄予期望,小草也能长成大树

你的期望让员工迸发潜能

在心理学领域,有个著名的罗森塔尔效应。

美国心理学家罗森塔尔把一群小老鼠一分为二,把其中的一小群(A群)交给一个实验员说:"这一群老鼠是属于特别聪明的一类,请你来训练。"他把另一群(B群)老鼠交给另外一名实验员,告诉他:"这是智力普通的老鼠。"两个实验员分别对这两群老鼠进行训练。一段时间后,罗森塔尔教授对这两群老鼠进行测试,测试的方法是老鼠穿越迷宫,结果发现,A群老鼠比B群老鼠聪明得多,都先跑出去了。其实,罗森塔尔教授对这两群老鼠的分组是随机的,他自己也根本不知道哪只老鼠更聪明。当实验员认为这群老鼠特别聪明时,他就用对待聪明老鼠的方法进行训练,结果,这些老鼠真的成了聪明的老鼠;反之,另外那个实验员用对待笨老鼠的办法训练,也就把老鼠训练成了不聪明的老鼠。

一位心理学家对一所小学中的6个班的学生成绩进行预测,并把他认为有发展潜力的学生名单用赞赏的口吻通知学校的校长和有关教师,并再三叮嘱他们对名单保密。但是实际上,这些名单是他任意给出的。

出乎意料的是,8个月以后,名单上的学生,个个学习进步、性格开朗活泼。原来,这些教师得到权威性的预测暗示之后,便开始对这些学生投以信任、赞赏的目光,态度亲切温和,即使他们犯了错误也相信其能改正。正是这种暗含的期待与信任使学生增强了进取心，更加自尊、自爱、自信和自强，故而出现了奇迹。

这个心理效应带给我们一个启示：信任和期待具有一种能量，它能改变一个人的行为。当一个人获得另一个人的信任、赞美时，他便会感觉自己获得了支持，有一种积极向上的动力，并尽力达到对方的期待。

德鲁克认为，人的潜力是无穷的。当管理者提出"你能做什么贡献"这个问题时，实际上就是在督促员工要充分挖掘自己的潜力。提升对下属的期望值，就能有效挖掘下属的潜力，这对管理者来说是宝贵的经验。史考伯曾说道："我认为，能够使员工鼓舞起来的能力，是我所拥有的最大资产。而使一个人发挥最大能力的方法，是赞赏和鼓励。"

通用电气前任CEO杰克·韦尔奇是期望效应的实践者。韦尔奇认为，团队管理的最佳途径是致力于激励员工完成自己的构想，并说道："给人以自信是到目前为止我所能做的最重要的事情。"韦尔奇不仅将期望效应运用到员工身上，同样也用到自己身上。

1961年，韦尔奇已经来到GE工作一年了，他的年薪是10500美元。这时候，韦尔奇的顶头上司伯特·科普兰给他涨了1000美元，韦尔奇觉得还不错，他以为这是公司对有贡献的人的奖赏，他看到了自身的价值。但他很快发现他的同事们跟他拿的薪水差不多。知道这个情况后，韦尔奇一天比一天萎靡不振，终日牢骚满腹。

一天，时任GE新化学开发部年轻的主管鲁本·加托夫将韦尔奇叫到自己的办公室，对他说了这样一句话："韦尔奇，难道你不希望有一天能站到这个大舞台的中央吗？"

这次谈话被韦尔奇称为是改变命运的一次谈话，后来当上执行总裁的韦尔奇也一直尊称加托夫为恩师。

他决定让自己有一个根本性的改变。这时在他面前出现了一个机遇：一个经理因成绩突出被提升到总部担任战略策划负责人，这样经理的职位就出现了空缺。我为什么不试试呢？韦尔奇想。

韦尔奇不想看着这个可以改变自己的机会从自己眼前溜走。"为什么不让我试试鲍勃的位置？"韦尔奇开门见山地对他的领导说。

韦尔奇在领导的车上坐了一个多小时，试图说服他。最后，领导似乎明白了韦尔奇是多么需要用这份工作来证明自己能为公司做些什么，他对站在街边的韦尔奇大声说道："你是我认识的下属中，第一个向我要职位的人，我会记住你的。"

在接下来的7天时间里，韦尔奇不断给领导打电话，列出他适合这个职位的其他原因。

一个星期后，加托夫打来电话，告诉他，他已被提升为塑料部门主管聚合物产品生产的经理。1968年6月初，也就是韦尔奇进入GE的第八年，他被提升为主管2600万美元的塑料业务部的总经理。当时他年仅33岁，是这家大公司有史以来最年轻的总经理。

1981年4月1日，杰克·韦尔奇终于凭借自己对公司的卓越贡献，稳稳地站到了董事长兼最高执行官的位置上，站到了GE这个大舞台的中央。

可以说正是期望自己能站在GE的舞台中央，使得韦尔奇不断努力，寻找机会，最终站在了权力的最高点。即便员工已经拥有了卓越成绩，但管理者进一步提升期望值，如向他提问"你还能

管理者的期望对员工的作用

员工作为团队组织的一员,容易受到团队期望、领导期望的暗示、影响、引导及塑造。

管理者认为自己的下属不行,自己的团队这也干不好那也不能干,并公开表达自己的这种负面期望和假设,那么团队成员会在下意识心理层面通过行动来证明领导的看法是"对"的,即使能达成的目标最终也可能实现不了。

而管理者对其所率领团队和团队个体传达积极正面的期望,能够在很大程度上提升团队凝聚力和战斗力,鼓舞团队成员以"士为知己者死"的精神来达成团队目标。

所以,管理者在组织、凝聚和鼓舞成员实现组织目标的过程中,一定要注重传达积极正面期望、传递鼓舞奋进的正能量,如此才能真正激发起团队强大的潜力。

做哪些贡献"，那么有可能进一步激发员工的潜能。

别人或者上级的期待，无疑将是员工成长的动力。期待什么就能做成什么，领导的期待在某种程度上决定了员工成长的高度。

善于向员工传递自己的期望是一位优秀领导者能力的标志之一。领导者如何将自己对员工的期望值有效传达给员工呢？

首先，一定要让员工明确自己对他的期望值。管理者与每一位员工交谈，都应该使用简单而直接的话语交流，来阐述团队的发展动向和对员工的工作期望。仅仅一次的沟通是不会让员工们完全理解的，他们需要定期进行有效的、重复性的沟通，以达到增强和巩固的效果。

其次，要给予员工明确的目标。想要实现什么样的目标；以怎样的计划去实现目标；为达到这一目标，大家该如何去做。确保员工们了解团队的战略目标，让员工明白在团队中扮演怎样的角色和应该如何去朝这个目标奋斗。

最后，作为管理者应该明白，每一位员工都有自己的思想和需求。试着了解每一位员工的个人喜好，帮助他们理解你对他们的期望，并且激发他们的工作斗志。唯有如此，领导者才能采取更加有效的方式激发员工的潜力，让他们更加努力。

不要让员工自我设限

我们经常可以发现，团队中的不少员工原本素质优秀，但做起事来畏首畏尾、谨小慎微，在自己的岗位上始终做不出成绩。管理者不禁为这样的员工扼腕叹息：为什么他们不能放开自我呢？

这源于部分员工的自我设限。造成自我设限的原因可能是多方面的，其始终不敢再向前迈出一步，从此限定在自己的小圈子里。

科学家曾做过一个有趣的实验。

他们把跳蚤放在桌上，一拍桌子，跳蚤迅即跳起，跳起的高度均在其身高的 100 倍以上，堪称世界上跳得最高的动物。然后在跳蚤头上罩一个玻璃罩，再让它跳，这一次跳蚤碰到了玻璃罩。连续多次后，跳蚤改变了起跳高度以适应环境，每次跳跃总保持在罩顶以下的高度。接下来逐渐改变玻璃罩的高度，跳蚤都在碰壁后主动改变自己起跳的高度。最后，玻璃罩接近桌面，这时跳蚤已无法再跳了。科学家于是把玻璃罩打开，使劲拍桌子，跳蚤仍然不会跳，变成"爬蚤"了。

行动的欲望和潜能已被扼杀，科学家把这种现象叫作"自我设限"。跳蚤变成"爬蚤"，原因在于玻璃罩已经罩在了它的潜意识里。

我们是否发现很多员工也为自己罩了一个玻璃罩呢？实际上，很多人由于遭受了外界太多的批评、打击和挫折，于是奋发向上的热情、欲望变成了"自我设限"的观念，这就影响了自己潜能的开发，影响了个人的成长。

我们大多数人内心都深藏着"约拿情结"。心理学家们分析，我们心中容易产生"我不行""我办不到"等消极的念头，如果周围环境没有提供足够的安全感和机会供自己成长的话，这些念头会一直伴随着我们。

"自我设限"只是潜意识里的一种想法，只要肯走出来，肯向外拓展，那么定能不断成长。

马斯洛在给他的研究生上课的时候，曾向他们提出过如下的问题："你们班上谁希望写出美国最伟大的小说？谁渴望成为一位圣人？谁将成为伟大的领导者？"根据马斯洛的观察和记录，他的学生们在这种情况下，通常的反应都是咯咯地笑，红着脸，显得不安。马斯洛又问："你们正在悄悄计划写一本伟大的心理学著作吗？"他们通常也都红着脸、结结巴巴地搪塞过去。马斯洛还问："你们难道不打算成为心理学家吗？"有人小声地回答说："当然想啦。"马斯洛说："那么，你是想成为一位沉默寡言、谨小慎微的心理学家吗？那有什么好处？那并不是一条实现自我的理想途径。"

人们普遍存在某种自我设限的意识，总是逃避卓越、成长。曾经有一家跨国团队在招聘中出了这样一道题："就你目前的水平，你认为10年后，自己的月薪应该是多少？你理想的月薪应该是多少？"

结果，有些人回答的数目奇高，而这样的应聘者全部被录用了。其后主考官解释说："一个人认为自己十年后的月薪竟然和现在差不多或者高不了多少，这首先说明他对自己的学习、前进的能力抱有怀疑的心态，他害怕自己走不出现在的圈子，甚至干得还不如现在好。这种人在工作中往往没什么激情，容易自我设限，做一天和尚撞一天钟。他对自己的未来都没有追求，拿什么让我们对他有信心呢？"

告诉员工，不要轻易给自己设定一个"心理高度"，这往往在潜意识里是告诉自己：我是不可能做到的，这个是没有办法做到的。要知道，过去并不代表未来，不论你曾经失败过多少次、受过多少挫折，未来一定会超越这些挫折。

张伟是某家保险公司的新职员，但入职一个月时间，工作业绩始终提不上来。他自己知道原因，这还要回到他工作第一天打

心理高度决定人生高度

你正在做什么，你将来会做什么？你能不能成功？能有多大的成功？这一切问题的答案，并不需要等到事实结果的出现，而只要看看一开始每个人对这些问题是如何思考的。

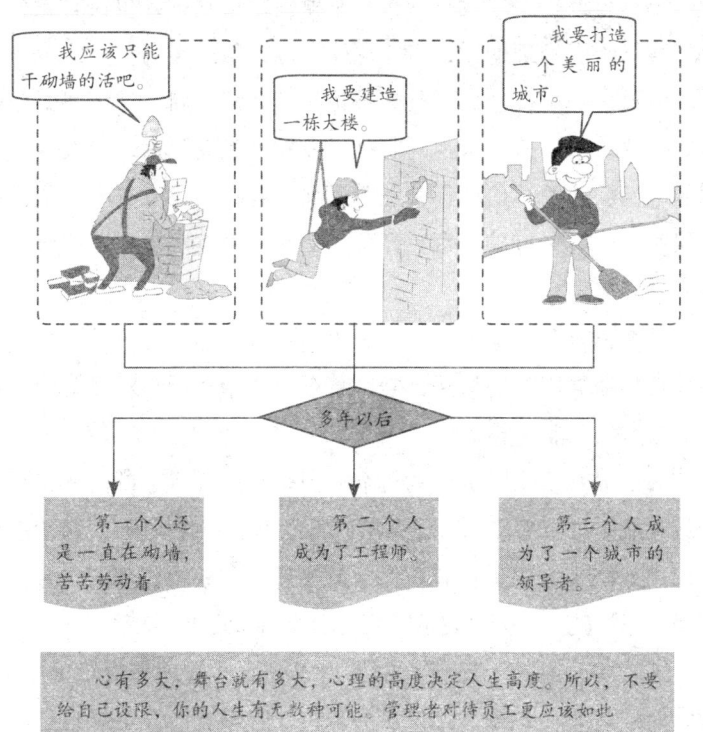

的第一个电话。

当张伟热情地拨通电话，联系自己的第一个客户时，尽管已经想到了会遭到拒绝，但令他没想到的是，他刚说明自己的工作身份，对方就骂了起来，拒绝了他的推销，声称自己身体很好，不需要什么保险。从那以后,张伟对电话营销便有了阴影,说话总是没有底气,自然就没有多少人愿意找他买保险。这种影响越来越大,他甚至不再愿意去摸电话。

一个月后,他开始想,自己或许并不适合这份工作。经理鼓励他要给自己机会,没有谁是生来就注定成功的,也没有人会一直失败。听了经理的话,张伟深受激励,他鼓足勇气,决定搏一搏。他找出一个曾经联系过却被拒绝的客户资料,仔细研究他的需要,选择了一份适合他的险种。一切准备妥当后,他拨通了对方的电话,他的自信和真诚征服了那个客户,对方买下了他推销的保险。他终于打破了自我设限,从此慢慢克服了对电话营销的恐惧。

其实,自我设限远远没有想象的那样可怕,更不是牢不可破的。只要摒弃固有的想法,尝试着重新开始,便会对以前的忧虑和消极的态度报以自嘲。

每个人其实都有成功的机会,但是在面临机会的时候,只有少数人敢于打破平衡,认识并摆脱自己的"自我设限",勇于承担追求高效能带来的责任和压力,最终抓住并获得成功的机会。管理者必须打破员工的自我设限,鼓励他们不断成长。

现实中,总有一些优秀的人由于受到"心理高度"的限制,常常对成长望而却步,结果痛失良机。管理者应该引导自己和员工及时摆脱自身"心理高度"的限制,拿掉制约成功的"盖子"。

拿破仑·希尔曾经说过,一个人唯一的限制,就是自己头脑中的那个限制。唯有挣脱自我设限,如果不想着去突破、挣脱固有想法对你的限制,那么他将会永远原地踏步。

先问自己是否已"全力以赴"

科学家们认为,人在自己的一生中仅仅运用了大脑能量的10%,也就是说,还有90%的大脑潜能白白浪费了。许多事实表明,每一个人身上都有巨大的潜能没有开发出来。而有研究更进一步指出,以前人们对大脑的潜能估计太低,我们根本没有运用大脑能力的10%,甚至连1%也不到。

众所周知,比尔·盖茨是一位杰出的管理者,在他11岁时就能背颂《圣经》第五章到第七章的全部内容,老师惊叹他怎么能将几万字的内容一字不落地背诵时,比尔·盖茨说了一句话:"我竭尽全力。"

美国前总统卡特曾有这样的经历:

海军军官卡特24岁时,应召去见海曼·李特弗将军。在谈话中,将军让他挑选任何他擅长的主题。

当他好好发挥完之后,将军就问他关于所谈主题的一些问题,结果每每将他问得直冒冷汗。他开始明白,自己认为懂得很多的,其实懂得很少。

结束谈话时,将军问他在海军学校学习时成绩怎样,他立即自豪地说:"将军,在820人的一个班中,我名列59名。"

将军皱了皱眉头,问:"你竭尽全力了吗?"

"没有。"他坦率地说,"我并没有竭尽全力。"

"为什么不竭尽全力呢?"将军大声质问,瞪了他许久。

此话如当头棒喝,影响了卡特的一生。此后,"全力以赴"成为了卡特的座右铭,也正是全力以赴的作风助他成为美国历史上第三十九任总统。

"你全力以赴了吗?"或许我们每个人都应该这样问自己。如果不能事事全力以赴,恐怕很难在职场中获得更大的成功。成功向来偏爱付出最多努力的人,没有尽自己最大的努力,很难取得令人羡慕的成就。也许职场中的你如卡特一样,未必事事全力以赴,还是取得了不错的成绩。但是,如果你全力以赴了,一定会比现在更出色。那还有什么理由不全力以赴争取更大的成功呢?

工作中,我们总会遇到一些困难,想了许多办法仍无法解决。于是有人便认为已是极限,或是已经尽力,心安理得地让工作不再推进。但这真的已经是你的极限了吗?如果把你逼到了绝境,你会发现,"尽力""极限"只不过是借口,自身的潜能还能被逼出来,问题也能最终被解决。

面对生活工作中的问题,我们要做的不是惧怕,不是失去信心,而是迎难而上,竭尽全力,直到最后。

在管理工作中,会发现很多人在一个团队待久了,可能遭遇一种"职业停滞期"。例如,有些人因为自身没有很好的职业规划,对接受新知识的态度不是很积极,结果导致自己的创新能力跟不上新员工,眼看着身边的新员工一个个地加薪、升职,他们陷入一种深深的"能力恐慌"中。然而,面对自己职业上的停滞,他们更多的是埋怨团队没能给他们职位提升的空间。

其实"解铃还须系铃人",要突破这种职业停滞期,我们要学会"自我革命",只有全力以赴,不断地突破自我,才能够不断成长。惠普公司前 CEO 卡莉·菲奥里娜就深知其中的道理。

在卡莉上任之时,惠普公司正面临着很大的困境,已经到了被市场淘汰的边缘。要使惠普摆脱现状,就要完全改变这个公司。只有改变才能让惠普摆脱危机,继续生存和壮大。

全力以赴把工作做到尽善尽美

你在工作中所抱的态度，使你的工作与周围人的工作区别开来。

当一天和尚撞一天钟，工作松松散散的人，无论在什么领域，都不会取得真正的成功。

爱默生说："一个人，当他全身心地投入到自己的工作之中，并取得成绩时，他将是快乐而放松的。把工作当成自己的事业，全身心地投入其中，这是真实的人生，同时也是成功的人生。

所以，无论你从事什么工作，都必须端正态度，全力以赴地把工作做好。

然而，惠普公司的老传统根深蒂固地存在于惠普员工的心中，变革意味着要剔除掉员工脑子里一些停滞的不再发挥效力的思想，注入新的思想和新的理念，这并不容易。因为习惯的力量太强大，容易阻碍变革，原本舒适的事物使人产生依赖，而且变革势必会影响一些人的利益，会引起一些所谓"老人"的极力反对。但是卡莉力排众议，在惠普公司进行了大刀阔斧的变革，兼并康柏公司之后，这种变革的步伐更大了。2002年，惠普公司一跃成为IT业的老二。卡莉的进取精神，终于使惠普摆脱困境，渡过了被淘汰的危机，取得了卓越的成就。

后来，卡莉说："我认为董事会之所以挑选我担任惠普的CEO，就是因为惠普作为一家高科技团队，已经到了需要改变的时候了。当时的惠普已经在许多重要的方面都落后于其他科技团队，在出局和团队进取之间，我们只能选择全力以赴，我们成功了！"

卡莉全力以赴地去奋斗，终于为自己、为团队赢得了成功。所以，无论做任何事，务必全力以赴，它将决定一个人日后事业上的成败。一个人一旦领悟了全力以赴地工作能消除工作辛劳这一秘诀，他就掌握了打开成功之门的钥匙了。

"不管做什么事，都要全力以赴。"罗素·康威尔说。成功的人绝对不会以做完为目标，他们不管做什么事情，只会全力以赴以达到更高效的结果。

"你全力以赴了吗？"管理者要时刻这样问自己，也要把这样的问题抛给自己的下属们，激励自己和整个团队迸发出所有的潜能。

只有全力以赴，抓住一切机会提高自己，才能够逐渐强大。否则，很容易失掉竞争和生存的能力，留给自己的只有岁月的蹉跎和虚度时光的惋惜。

给予适当的压力

运动场上经常会看到这样的现象：运动员在面临大场面的锦标赛或奥运会决赛时，他们的水平发挥得最好。对大赛的这种压力，不同的人有不同的反应。有些人被压力压垮，但另一些人则借压力刷新世界纪录。这些大赛场合，也往往是打破世界纪录最多的场合。

人们在正确认识压力的同时，还应该感谢压力所赐予的其他东西，即激发人的潜能。古语曾有"置之死地而后生""破釜沉舟"等说法，讲的就是事情往往到了压力的关头才有转机，当事者才不得不冷静下来，绞尽脑汁去思考转危为安的方法。

在工作中，管理者要对员工施加适当的压力。有压力，才不会使员工在现实中慢慢地懈怠，才会使他始终保持着昂扬的斗志。因此，给下属一定的压力，其实也是一种激发潜能的方式。

一个富有的父亲决定为女儿招一个勇敢、勇于拼搏的夫婿，举行了公开招亲。这天，他和女儿站在河的一边，应征者在另一边。条件很简单，能游过河的人就可抱得美人归。

但没人敢动，因为他们都注意到了这样一个事实：河里有吃人的鳄鱼。忽然，有个年轻人"扑通"一声跳下了河，飞快地游了起来，鳄鱼很快发现了他，在后面追赶，年轻人游得更快，好在河面不宽，年轻人终于在鳄鱼赶上他之前爬上了岸。

姑娘很高兴，新婚之夜问他："别人都不敢动，你为什么敢下水，难道你不怕鳄鱼吗？"

新郎给出了这样的答案："当然怕，其实我是被别人推下水的。在下水的一刹那，我还咒骂是谁推我下水的。可是既然下了水，就得全力以赴，因为后面有鳄鱼在追赶啊！"

的确如此，如果不努力地游，可能他就没有机会上岸了；努力，就得到了成功，赢得了爱人。如果我们时时有那种危机感，时时想象有鳄鱼在我们身后追赶，做任何事都全力以赴，我们还能不成功吗？

一个人的潜能往往是在迫不得已的情况下发挥的。管理者不仅不怕"逼",而且还主动"逼"员工,让他们经常处于一个积极进取、创新求变的紧张状态,使潜能时常处在激发状态。

歌德曾说过:"人的潜能就像一种强大的动力,有时候它爆发出来的能量,会让所有的人大吃一惊。"

一位中国留学生刚到澳大利亚时,为了糊口,替人放羊、割草、收庄稼、洗碗……只要给一口饭吃,他就会暂且停下疲惫的脚步。

有一天,在唐人街一家餐馆打工的他,看见报纸上刊出了澳洲电讯公司的招聘启事。他选择应聘线路监控员的职位。过五关斩六将,眼看就要得到那个职位了,没想到招聘主管却出人意料地问他有没有车、会不会开车,因为这份工作时常外出,没有车将寸步难行。可这位留学生初来乍到还属无车族,但为了争取这个极具诱惑力的工作,他不假思索地回答了有车、会开车。

"4天后,开着你的车来上班。"主管这样说。

4天之内要买车、学车谈何容易?

他在华人朋友那里借了500澳元,从旧车市场买了一辆外表丑陋的"甲壳虫"。

第一天,他跟华人朋友学简单的驾驶技术;

第二天,在朋友屋后的那块大草坪上模拟练习;

第三天,他歪歪斜斜地开着车上了公路;

第四天,他居然驾车去公司报到了……

而今,他已是"澳洲电讯"的业务主管。

大凡成功人士都经受过无数的压力,每天都觉得"身后有匹狼"。我们不应该逃避压力,相反,为了挖掘自己的潜能,应为自

给予员工适当的压力

同心协力,月底前完成这个新项目!

压力可增强员工的环境适应能力,反复碰到压力较大的情形,可以锻炼身体和心理的承受能力,从而不至于遇到危机就如临大敌慌了阵脚。

压力会使员工追求卓越。正面的压力,也叫积极压力,会帮助员工进入一种"流畅"的状态,让他高度清醒、高度集中地参与到工作中去。

为了家人,我要走的更高!

你们每个人都像一根木尺,加压到一定程度就会被压垮。

但是,给予员工的压力不宜过大,就像让一根木尺不断地弯曲,到了某种程度它自然会断裂,员工也是一样,加压到一定程度就会撑不下去了;不仅影响工作效率,更有可能危害员工的身体健康。

己创造一定的压力环境。

潜能库是如何被找到的呢？我们现在使用的许多东西，当初发明它们的创意就是被逼出来的。

格德纳是加拿大某家公司的普通职员。一天，他不小心碰翻了一个瓶子，瓶子里装的液体浸湿了桌上一份正待复印的重要文件。

格德纳很着急，因为文件上的字可能因此看不清了，这可是闯了大祸。他赶紧抓起文件来仔细察看，令他感到欣慰的是，文件上被液体浸染的部分，其字迹依然清晰可见。当他拿去复印时，又一个意外情况出现了，复印出来的文件，被液体污染后很清晰的那部分，竟变成了一团黑斑，这又使他转喜为忧。

为了消除文件上的黑斑，他绞尽脑汁，但一筹莫展。在万分无奈之际，突然，他的头脑中冒出一个针对"液体"与"黑斑"倒过来想的念头。自从复印机发明以来，人们不是为文件被盗印而大伤脑筋吗？为什么不以这种"液体"为基础，化其不利为有利，研制一种能防止盗印的特殊液体呢？

格德纳利用这种逆向思维，经过长时间艰苦努力，最终把这种产品研制成功。但他最后推向市场的不是液体，而是一种深红的防影印纸，并且销路很好。

格德纳没有放过一次复印中的偶然事件，由字迹被液体浸染，复印出的却是黑斑这一现象，联想到文件保密工作中的防止盗印，由此开发了防影印纸。格德纳发掘潜能，与他在这种紧张的情况下逼出自己的新创意是紧密相连的。

由于没有学会观察与思考，往往是视而不见、听而不闻或见而不思、闻而不想，所以根本找不到解决问题的创意和方法。如果真正学会了观察与思考，善于从繁杂万状的日常生活中捕捉信息，探求真谛，就会涌现无限的潜能，找到无限的创意了。

给予适当的压力，一方面要勇于接受挑战，把自己丢进新条件、新情况、新问题中，逼到走投无路，才会想方设法、破釜沉舟，才会背水一战，如兵法所说"置之死地而后生"。另一方面，要用自律来逼，用目标管理、时间管理来逼，用行动结果来逼自己迸发自身的潜力。

适度的压力可以焕发员工的潜能，激发他们的工作动力。管理者要明白，必要的压力可以起到极好的激励效应，甚至要比其他的激励方式更能够立竿见影。

第六章
响鼓须用重锤,把身边的「庸才」变干将

提升能力，贡献力量

无论在什么时候，有价值的人才永远不被社会所淘汰。管理者要告诫团队中的每个人，唯有体现出了自己的价值，为团队贡献自己的价值，才能立于不败之地。

人活在这个世上，就是为了实现自我价值而生存的。若不发挥自己的工作能力，就永远也找不到自己的存在价值。

小刘在国外学经济管理专业，仪表堂堂、人品又好、说话办事能力也行，真属德才兼备。按理说，回国后本可找一份很体面的工作，可他死活不愿意给别人打工。自己创业，却屡创屡赔。一开始，他怨天尤人，说什么自己怀才不遇，没找到好的合作伙伴，之后就一直"啃"老，直到最后不好意思再"啃"父母了，才找几个很要好的朋友借钱，说要出来租房子住。这时朋友们都劝他，他这才肯去找工作。

面试了几家公司，他不是嫌公司小，就是嫌没发展，或是整个行业的前景不好。他的外语水平八级，这是他的专长，可他却偏偏误在他的专长里。好不容易找到了一份稳定的工作，上班第二天，经理刚好有急事说要出去，嘱咐他代替自己接待一个美国客户。遇到这种情况，他也不知道经理是在考验他，还是真的信任他。他心想，谈得好或不好都没有他的好处，谈好了生意是经理的，自己顶多可以给经理留下个好印象；谈不好的话就是他的

如何提升自己的工作能力

从自身学习修炼开始，不断扩充自己的知识，扩大自己的发展空间。

向他人学习，让合作带动自己前进。任何人身上都有值得我们学习的地方，所以，要善于请教。

作为员工应具备一双睿智的眼睛去发现责任，然后积极主动地去承担责任，体现自己的忠诚，才能使自己获得认可和信任，进而实现自身价值。

金子只有被挖掘出来才能绽放光芒，作为职场人同样如此，所以，职场人只有懂得提升自己的价值，才会被重用，实现自身价值。

责任,他有一种委屈的感觉。

他的朋友劝他,人活在世上是避免不了经办一些以前没有接触过的难事,只有经过这些磨练,才能迅速成长,成为有用之人,为团队担当责任。

被差遣,换一种角度来看就是被需要。必须让员工明白,被团队所需要恰恰证明这个人有能力。并不是每个人一进入团队就具备被差遣的能力,与生俱来就拥有岗位所需要的能力,这种能力更多的时候是在工作中锻炼出来的。

人本身不一定有能力,干得多,实践得多,自然就具备了能力。

有一个名牌大学中文系毕业的硕士生,被一家出版公司聘用为编辑。他住在一套租来的房子里,工资不高,日子过得很清苦,但这并没有妨碍他的工作热情。除了做好本职工作外,他还总是给其他部门帮忙,排版、印刷、销售等部门的人要是忙不过来的时候,只要他有空,一定是有求必应。午餐时间,他总是很快吃完饭,然后跟其他部门的同事聊天。下班以后,还常跑到公司的库房帮忙,甚至干一些搬运图书的体力活。他做这些都是义务的,从来没有额外的报酬。有人说他很傻,不给钱还白干活。但随着时间的推移,他这种"傻"的好处逐渐显露出来:他升职特别快,从原来的普通编辑升为策划编辑,又从策划编辑升为副主编、主编。不管在哪个职位上,他总是努力学习,尽可能掌握更多的知识。

凭着被公司的"开发",被别人的"差遣",故事中的年轻人练就了一身本领,并最终成就了自己的事业。事实上,增强自己的能力,巩固自己的地位,开创自己的未来,最好、最快的办法是努力工作,提升"被差遣"的价值。工作中的实践锻炼是提升自己的最有效的手段。

只有提升自己的"被差遣"价值，才能不断提升自己。而那些唯恐自己被差遣的人，即便是拥有一身好本领，也会停留在原有的基础上而不会有半点进步。

做"蘑菇"，不做"豆芽菜"

豆芽生长的速度之快，令人叹为观止，短短一夜之间，竟能抽长六七厘米，且外表看起来既壮硕又饱满。然而，豆芽的质地却异常脆弱，稍遇外力便应声断裂。豆芽之所以能够在短期内抽长，并非内里坚实，实为充斥大量的水分，这种现象被称为"豆芽现象"。

在我们的团队里，与"豆芽现象"相对的是"豆芽员工"。它是指这样一类员工，他们初学一项专业技能，由不会到会的阶段，大致能掌握专业的"形"。学得快的话，很快就会觉得"学会了"；随后，即急于转入其他领域，却同样只学到"形"就急于转换。从表面上看好像学了很多，实际上都只学到了该行业的一些常识，真正要用时便不堪一击。

李默研究生毕业后来到了一家大公司，踌躇满志的他本想大展拳脚，可他到新单位工作近一年来，除了接电话、开会、收发传真等基本工作外，再没有得到任何展示自己的机会，这和他想做一个职业经理人的想法相去甚远。于是，他总是觉得自己的能力没有发挥出来。

李默认为，部门里的很多同事不过是本科生，论学历、才华根本比不过自己。急于表现自己能力的李默，三番四次主动请缨向老板申请任务。于是，老板就给了李默一项重大任务，让他去开发西部的市场。说是给他一个重大任务，其实就是想给李默一个教训。老板在派李默去的同时，暗地里安排了一位得力的王经理从旁观察。果然不出老板所料，由于李默没有任何市场开拓的经验，在西部开拓市场的过程中屡屡碰壁，不仅没有取得任何成效，而且个人自信心也大为受挫。还好有多年市场经验的王经理及时出现并顺利地展开了工作，使得西部市场的开发工作能够稳步推进。有了这次经历以后，李默意识到了自己能力上的不足，再也不好高骛远了，而是静下心来努力向身边的老同事和上司好好学习。

李默的案例就是典型的职场中的"豆芽现象"。成功在久不在速，只有扎扎实实地成长，才经得起考验。

与"豆芽员工"相对的是"蘑菇员工"。"蘑菇员工"是指这样一类人，他们的处境很像蘑菇：被置于暗淡的角落（不受重视的部门，或做着打杂跑腿的工作），浇上一头大粪（批评、指责、受过），任其自生自灭（得不到更多的指导和提携），却最终成长起来。

相信很多职场人都会有一段"蘑菇"经历，但这不一定是什么坏事，当"蘑菇"是有自知之明，是为了尽快成熟起来。

齐飞刚进华为的时候，公司正提倡"博士下乡，下到生产一线去实习、去锻炼"。实习结束后，领导安排他从事电磁元件的工作。堂堂电力电子专业的博士理应做一些大项目，不想却坐了冷板凳，齐飞实在有些想不通。

想法归想法，工作还要继续。就在齐飞接手电磁元件的工作之后不久，公司出现电源产品不稳定的现象，结果造成许多系统瘫痪，给客户和公司造成了巨大损失，受此影响公司丢失了5000万以上的订单。在这种严峻的形势下，研发部领导把解决该电磁元件问题故障的重任，交给了刚进公司不到三个月的齐飞。

管理者如何协助员工度过"蘑菇期"

员工在融入一个新的团队时,都有一个蘑菇期,作为管理者,有义务帮助员工顺利度过这段时期。

关心下属

> 小赵,最近工作怎么样,有什么困难一定要跟我说。
>
> 挺好的,谢谢李总。

态度友好,积极和员工沟通,了解他的真实想法。

鼓励下属

> 加油,你们这么努力,一定可以完成的!

适时地给员工一些鼓励性的语言,同时信任员工的能力、干劲和诚实,并在适当的时候给予肯定的赞扬。

提供帮助

> 李总,这个项目我自己实在是完成不了……
>
> 好吧,那我让小张帮你。

当员工遇到困难和不能胜任的工作的时候,尽力提供帮助或重新安排职位。

在工程部领导和同事的支持与帮助下，齐飞经过多次反复实验，逐渐理清了设计思路。又经过60天的日夜奋战，齐飞硬是把电磁元件这块硬骨头啃了下来，使该电磁元件的市场故障率从18%降为零，每年节约成本110万元。现在，公司所有的电源系统都采用这种电磁元件，再未出现任何故障。

之后，齐飞又在基层实践中主动、自觉地优化设计和改进了100A的主变压器，使每个变压器的成本由原来的750元降为350元，每年为公司节约成本250万元，为公司的产品战略决策提供了依据。

小小的电磁元件这件事对齐飞的触动特别大，他不无感慨地说道："貌似渺小的电磁元件，大家没有去重视，结果我这样起初'气吞山河'似的'英雄'在其面前也屡次受挫、饱受煎熬，坐了两个月冷板凳之后，才将这件小事搞透。现在看起来，之所以出现故障，不就是因为绕线太细、匝数太多了吗？把绕线加粗、匝数减少不就行了？而我们往往一开始就只想干大事，而看不起小事，结果是小事不愿干，大事也干不好，最后只能是大家在这些小事面前束手无策、慌了手脚。当年苏联的载人航天飞机在太空爆炸，不就是因为将一行程序里的一个小数点错写成逗号而造成的吗？电磁元件虽小，里面却有大学问。更为重要的是，它是我们电源产品的核心部件，其作用举足轻重，非得要潜下心、冷静下来，否则，便不能将貌似渺小的电磁元件弄透、搞明白。做大事，必先从小事做起，先坐冷板凳，否则，在我们成长与发展的道路上就要做夹生饭。现在看来，当初领导让我做小事、坐冷板凳是对的，而自己又能够坚持下来也是对的。有许多研究学术的、搞创作的，吃亏吃在耐不住寂寞，总是怕别人忘记了他。由于耐不住寂寞,就不能深入地做学问,不能勤学苦练。他不知道耐得住寂寞,才能不寂寞。耐不住寂寞,偏偏寂寞。"

齐飞的这段话适合各行各业的人。凡想获得成功的人,都应该先学会耐得住"蘑菇"时期的寂寞,先学会坐冷板凳,先学会做小事,然后才能做大事,这样才能取得更大的业绩。

实际上,任何一个成功的人并不是一开始就"高人一等"、风光十足的,他们也曾有过艰难曲折的"爬行"经历。然而,他们却能够端正心态、沉下心来,不妄自菲薄,不怨天尤人。他们能够忍受"低微卑贱"的经历,并在低微中养精蓄锐、奋发图强,尔后才攀上人生的巅峰,享受世人的尊崇。试想,若不是当年的"低人一等",哪里会有后来的"高人一筹"呢?

只有埋头努力,做不断成长的"蘑菇",不断提升自己,才能为自己赢得更广阔的发展空间。

对于管理者而言,必须让员工认识到:没有任何工作是卑微并且不需要辛勤努力的。要知道,无论多么优秀的人才,只有放下架子,埋头干活,打牢根基,才能在日后有所作为。

"批评"要有目的性

批评是一种教育方法,那是因为批评是爱的体现。不断地批评与自我批评能鞭策人不断进步。

孔子的学生宰予曾经白天睡觉,孔子批评他"朽木不可雕也"。后来,宰予终于成了孔子的高足。正是孔子的严格要求,时常的提点,才培养出一大批人才,孔子的批评中无处不渗透着对学生的爱。

日本作家川澄佑胜在《被骂的幸福》一书中讲过这样一个

故事：

有一位在森林里修行的人，心地非常纯净，也非常虔诚，每天只是在大树下思考、冥想、打坐。一天，他打坐时感到昏沉，就起身在林间散步，不知不觉走到一个莲花池畔，看到满池莲花正在盛开，十分美丽。清风徐来，阵阵莲香沁人心脾，不禁心生爱意。

修行人心里起了一个念头：这么美的莲花，我如果摘一朵放在身边，闻着莲花的芬芳，精神一定会好很多呀！

于是，他弯下腰来，在池边摘了一朵。正要离开的时候，听到一个低沉而有力的声音说："是谁？竟敢偷采我的莲花！"

修行人环顾四周，什么也没有看到，只好对着虚空问道："你是谁？怎么说莲花是你的呢？"

"我是莲花池神，这森林里的莲花都是我的，枉费你是个修行人，偷采了我的莲花，心里起了贪念，不但不知反省、检讨、惭愧，还敢问这莲花是不是我的！"空中的声音说。

修行人的内心生起深深的愧疚，就对着空中顶礼忏悔："莲花池神！我知道自己错了，从今以后痛改前非，绝对不会贪取任何不属于自己的东西。"

当修行人正在惭愧忏悔的时候，有人走到池边，自言自语："看！这莲花开得多好，我该采了到山下贩卖，卖点钱，看能不能把昨天赌博输的钱赢回来！"那人说着就跳进了莲花池，踩过来踩过去，把整池的莲花摘个精光，莲叶也被践踏得不成样子，池底的污泥也翻了起来。然后，他捧着一大束莲花，扬长而去。

修行人期待着莲花池神会现身制止，斥责或处罚那摘莲花的人，但是池畔一片静默。

他充满疑惑地对着虚空问道："莲花池神呀！我只不过采了一

批评下级时要注意

下级难免犯错,作为领导,该怎么批评才好?这是每一位领导都要考虑的问题。领导在批评下级时,要注意以下要点:

朵莲花，你就严厉地斥责我，刚刚那个人采了所有的莲花，毁了整个莲花池，你为何一句话也不说呢？"

莲花池神说："你本来是修行之人，就像一匹白布，一点点的污点就很明显，我是不忍心见到你因为贪恋香气而陷入轮回、长期受苦，所以我才提醒你，好心苛责你，赶快去除污浊的地方，恢复纯净。那个人本来是满身的罪恶，就像一块抹布，再脏再黑也看不出任何的痕迹。我也帮不上他的忙，只能任由他自己去承受恶业，所以才保持沉默。"

一位打拼多年的朋友在酒桌上曾深有感触地说："十年前我最怕的是批评，十年后我觉得最难得的也是批评。"的确，小批评则小进步，大批评则大进步。

事实上，任何人都会犯错。领导批评员工，要让员工感受到一种重视，所以要正确看待批评的作用。当然，员工能够接受批评是成熟的表现，也是自信的表现。

从失败中汲取教训，才是开始踏上成功之路。面对批评的态度，决定着员工是否能承受挫折，也关乎整个团队文化的塑造以及竞争力的培养。想要成为优秀的员工，现在就该培养自己接受批评的勇气。

杰夫·伊梅尔特在接手美国通用公司之前，曾差点被杰克·韦尔奇扫地出门。1994年，伊梅尔特是公司的副总裁兼塑料部门的总经理。当时，该部门陷入两难境地，一边是原材料价格的上涨，另一边是已经签好的合同。伊梅尔特一筹莫展。当年，他的部门只实现了7%的利润增长，与20%的增长目标差了一大截。此后的年度领导人会议上，伊梅尔特迟到早退，希望避开外号为"中子弹杰克"的老板。可是，会议最后一天的晚上，在他冲出电梯就要冲进自己办公室的时候,他感到有只手拍了拍他的肩膀。没错,正是韦尔奇。韦尔奇对他说:"杰夫,我是你最忠实的粉丝,但是,你刚刚度过了公司最糟糕的一年。只是最糟糕的一年。我爱你,我知道你能做得更好,可如果你不能扭转局面,我准备开除你。"伊梅尔特回答道:"如果不如人意,你也不必开除我,因为我自己会主动辞职。"

此后,伊梅尔特一方面狠抓成本控制,另一方面大力开拓市场,终于取得可喜的业绩。若干年后,当伊梅尔特回忆起这段经历时还无限感慨:"生意场上就像生活中一样,坏事有时候会发生在好人身上,好事有时候会发生在坏人身上。出现问题和挫折时,要承认现实并积极改进。"

没有韦尔奇的批评,伊梅尔特不会具备解决问题的勇气;伊梅尔特如果不能接受批评并努力改进工作,也不会有后来事业上更大的成功。韦尔奇敢于批评,伊梅尔特勇于接受批评,从而成就了通用公司后来的事业。

在工作中,被上级批评并不一定是坏事。要设法让员工明白,批评他,是因为重视他,是因为他的工作还没有达到你所期望的样子。千万不要向下级传递这样的理念——批评他只是领导发泄个人不满的方式。

因此,对下级的批评使用何种措辞、何种方式,恐怕也要动一番脑筋。

让员工乐于"被折腾"

只有经得起摔打,才能成长。这是世代相传的颠扑不破的真理,也是成为优秀员工的必经之路。

这条路，尽管充满艰辛，但前途光明。在当今信息化的社会里，每个人在职业生涯中要想迅速成长、百炼成钢，就必须成为一颗坚韧的咖啡豆，经历摔打的磨炼。

女孩总是不停地向父亲抱怨，生活太艰难了，总是一个问题刚刚解决，新的问题就又出现了，繁琐的职场人际关系使她不知该如何应付。她已经厌倦了抗争和奋斗，想要自暴自弃了。

女孩的父亲是个厨师，听到女儿的抱怨，他什么也没说，只是把她带到了厨房。他在三个壶里分别装满了水，然后放到炉上烧。很快，壶里的水被煮开了。他往第一个壶里放了些胡萝卜，往第二个壶里放了几个鸡蛋，在最后一个壶里放了些磨碎的咖啡豆。

女儿在一旁不耐烦地等着，对父亲的行为很不理解。20分钟后，父亲关掉了火，把胡萝卜捞出来，放到一个碗里；又把鸡蛋拣出来放进另一个碗里；接着把咖啡倒进一个杯子里，然后转过头来，对她说："亲爱的，你看到的是什么？"

"胡萝卜、鸡蛋和咖啡。"她答道。

父亲要她去摸胡萝卜，她摸了之后，感到胡萝卜变柔软了。然后，他又要她去拿一个鸡蛋并把它敲破，在把壳剥掉之后，她观察了这个煮熟的鸡蛋。最后，父亲要她饮一口咖啡。尝着芳香四溢的咖啡，她微笑起来。

"这是什么意思，父亲？"她问道。

父亲解释说，这些东西面临着同样的逆境——煮沸的水。但它们的反应却各不相同。胡萝卜本是硬的，坚固而且强度大，但受到煮沸的水的影响后，它变得柔软而脆弱；鸡蛋本来易碎，薄薄的外壳保护着内部的液体，但是在经历过煮沸的水以后，它的内部却变得坚硬；最独特的却是磨碎的咖啡豆，当它们被放入煮沸的水之后，它们却改变了水。

"哪一个是你呢？"他问女儿。

其实，这里的胡萝卜、鸡蛋、咖啡豆，代表了员工对于挫折和困难的三种态度。我们应该让员工成为"咖啡豆"，在艰苦的、不利的情况下，仍能克服外部和自身的困难，坚持完成任务。当处于巨大压力或产生可能会影响工作的消极情绪中时，能够运用某些方式消除压力或消极情绪，避免自己的悲观情绪影响他人。

"咖啡豆"型的人之所以受到欢迎是因为：一方面，他们能够

在困难和挫折面前保持自己的风格和理念，具有很强的韧性；另一方面，他们还能凭借自身的能力改变逆境。

失败与磨难是工作的一种常态，面对困境是迎难而上，还是退避三舍，是决定一个人能否成长为优秀员工的重要因素。

摔打、折腾其实就是管理者对优秀员工最好的考验。正如柳传志有一句名言所说："折腾是检验人才的唯一标准。"在联想，作为接班人的杨元庆和郭为是被摔打、折腾的典型代表。据说，他们是一年一个新岗位，摔打了十几年，不知换了多少个岗位，才成了"全才"。

杨元庆30岁时已经是联想电脑事业部的总经理。他在联想最困难的时候临危受命，从整个联想挑选了18名业务骨干，组成销售队伍，以"低成本战略"使联想电脑跻身中国市场三强，实现了连续数年的100%增长。

但与此同时，眼里揉不得沙子的杨元庆在巨大的压力下也不肯妥协，让联想的老一代创业者不太舒服。他被一心提拔他的老板柳传志当着大家的面狠狠地骂了一顿。柳传志在骂哭杨元庆后的第二天给了他一封信：只有把自己锻炼成火鸡那么大，小鸡才肯承认你比它大。当你真像鸵鸟那么大时，小鸡才会心服。

在成长的过程中，让员工经历一些折腾，经历一些挫折和失败，对员工的强大未必不是一件好事。因为一个人唯有在屡受挫折的情况下仍能坚持成长，那他的韧性和能力才会在将来得到更大程度的迸发。

当员工在逆境中不能自拔时，不妨给他们讲讲"咖啡豆"是如何改变沸水的。让自己的员工能成为有韧性的"咖啡豆"，如果他们做到了，他们就会迎来事业的新高峰。

第七章
来点儿实惠的,让员工摘到『金苹果』

高薪激励对多数人有效

在马斯洛的需求层次理论中,人首先要满足低层次的物质需要,然后才是高层次的精神需要。而高薪作为物质需要的最主要体现形式,高薪激励对于绝大多数人来说,都具有相当大的作用。

《史记·货殖列传》说:"天下熙熙,皆为利来;天下攘攘,皆为利往。"说的就是人们忙忙碌碌所追求的无非是一个"利"字。

有这样一个寓言故事:

有个齐国人很想得到黄金,他听到有人家藏万两黄金,便非常羡慕,因为自己家连一两黄金也没有。有一天早上,他到市场上去看能不能捡到黄金。突然,他看到前面有一家金店,在柜台上摆着大块小块的黄金,还有各式各样的金器、金饰,闪闪发光。他抓起一把黄金,拔腿就跑。很快他被官吏抓住,官吏审问他:"这么多人都在这里,你竟然敢抢走别人的黄金,这是为什么?"他回答说:"我抓黄金的时候,没有看见人,只看到了黄金。"

这则寓言故事用夸张的手法描绘出"齐人"财迷心窍的形象。但是不可否认,高薪对绝大多数人具有非常明显的激励作用。在团队的激励手段中,高薪激励仍是提升工作动力的重要源泉。

人要生存、要发展,精神是支撑,物质是保障,所以薪酬相对于员工极为重要。它不仅是员工的一种谋生手段,还能满足员工的价值感。事实证明,当一个员工处于一个较低的岗位时,他

高薪激励要注意

要使金钱能够成为一种激励因素，管理者必须记住下面几件事：

高薪的价值不一

相同的高薪，对不同收入的员工有不同的价值；同时对于某些人来说，高薪是极为重要的，而对另外一些人来说，从来就不那么重要。

高薪激励必须公正

一个人对他所得的报酬是否满意不是只看其绝对值，而要进行社会比较或历史比较，通过相对比较，判断自己是否受到了公平对待，从而决定自己的情绪和工作态度。

高薪激励必须反对平均主义

平均分配等于无激励。除非员工的奖金主要是根据个人业绩来发，否则企业尽管支付了奖金，对他们来说也不会有很大的激励。

会表现积极，工作努力，一方面想提高自己的岗位绩效，另一方面想争取更高的岗位级别。在这个过程中，他会体会到由晋升和加薪带来的价值和被尊重的喜悦，从而更加努力工作。

在对员工进行行为激励的过程中，领导要充分认识到团队成员对高收入以及优厚报酬的追求是永恒的，领导只有在充分认识到员工的物质需求后才能进行有效的激励。而团队人力资源管理应遵循的一个基本原则就是不断满足员工日益增长的物质需求。

在经营管理史上，首先用高薪的是福特汽车公司的奠基人亨利·福特，而他也用高薪赢得了高效。在引进流水线来生产汽车后，福特进行了一项创新：每天支付给员工5美元的工资。当时美国人的平均日工资大约是2美元，听到这个消息很多人嘲笑他："福特疯了，如此高工资水平会让他破产的！"但是，福特工厂外面的求职者却因为5美元的日工资而排起了长队。

其实，这5美元含金量是不言而喻的，尽管工资大大提高，福特公司的生产成本居然还减少了。正如福特所说："这是我们所做出的最成功的降低成本的方法之一。"福特高工资的决策与采用流水线生产的方式是密不可分的。因为用流水线组织起来的工人是高度依赖的，假如一个工人旷工或工作缓慢，其他工人就无法完成他们的任务。所以说，这种生产方式需要高素质的工人，而且要求员工保证出勤率。为了达到以上几点要求，最好的手段莫过于给员工支付高薪。实践证明，福特公司工人的流动率下降了，缺勤率下降了，生产效率也大大提高了。

员工最根本的需求之一就是薪资，无论对谁，更高的收入总是很有诱惑力的。不管管理者用多么好听的言辞表示感谢，他们最终期望的还是得到自己应得的那部分，让自己的价值得到体现。

让利益与效益挂钩

一家公司老总在团队管理中碰到一个头痛的问题：公司配备给员工的装修工具总是不够，不仅丢失率高，而且工具损坏率也高，既影响工作的开展，同时公司也为此支付了高昂的费用。

为此公司想了很多办法来解决问题，包括工具借用登记，检查和维修，公司想通过严格的监督程序来规范工人的工作态度，可惜每次都不了了之，浪费了公司大量人力和物力，但是问题从未被解决过。

最后公司采用一套新的工具管理制度，即工程队和员工可以自己购买电动工具，所有权归购买人，费用由公司和个人各出一半！员工反应积极，经过半年的试运营，实施效果良好，工具丢失和损坏的情况有了很大改善，工具使用效率也得到相当程度的提高！

经过半年的试验，有近一半的员工都购买了自己的工具。公司在此基础上，进一步做出决定：电动工具由工人自己购买，然后公司每日补贴1元，所有权仍归个人所有。从此以后公司电动工具的使用情况出乎意料的好。

人们只对有利于自己的东西负责任，一旦把公司利益与个人利益联系起来，公司利益就会得到保证。这是一条重要的管理经验。

员工利益应与团队经营状况挂钩。两者的关系应该成正比，即经营状况不好，不能多发；经营状况好，则不应少发。给员工提供相应的奖励机制，将会给员工们带来活力，并且使团队的凝聚力增加，竞争力提高；反之，如果没有相关的奖励机制，则会损耗团队的竞争力。

　　让员工感觉到个人利益和团队利益是一致的，必须和团队同甘苦、共命运。只有通过大家努力，团队效益上去了，个人才会受益。

　　有一家外资团队，经营状况相当好，年度创利大增，而且还有不少新的拓展计划，但是在年终发红包时，总额比上年减少一半。据说是年终银根紧，方方面面都要结账，新的拓展计划又占用了不少资金，所以要求大家咬紧牙关。当"红包"发下去以后，员工们反应很强烈，他们直观地认为"经营越好、奖金越少""团队越发展、员工越倒霉"。这一减少，离散了员工和团队的关系，大家马上产生一系列想法：还要不要努力工作？是不是该跳槽了？结果，该团队春节后不少员工在外面找工作，仅一个月内销售部就有4名员工辞职。

　　奖金数额要有一个合理标准。公平，并不意味着不分职位都一样。在团队中职位有高有低，这是团队赖以正常运作的组织结构所决定的。职位的高低，取决于个人能力及对团队的作用大小，由此在团队中权力和所负的责任也不一样。团队视职位高低给予不同的报酬，这是公平的，也是大家所认同的。"搞导弹的不如卖茶叶蛋的"错误，再也不能重复了。这也是团队的价值观之一。

　　有一个团队的老总，让财务总监做一个"红包"发放方案，结果搞出一个不分职位的平均奖。并且公平到以出勤天数计算，让所有员工出乎意料地和主管、经理们平等了一次，这在员工中自然是一片叫好之声。但是主管、经理们都目瞪口呆，搞不清是怎么回事，团队的价值观由此被毁。后来团队遭遇危机，中层干部有的推卸责任，有的隔岸观火，只剩下老总带着两三个亲信东

制定奖金制度要做到以下几点

奖金的发放要符合奖金的性质，必须是只与员工超额劳动的成果挂钩，必须切实贯彻多超多奖，少超少奖，不超不奖的奖金分配原则，反对平均主义。根据这些要求，制定奖金制度要做好以下几方面工作：

奔西走，到处救火，叫苦不迭。

无疑，让下级充满干劲，一定要采用利益与效益挂钩的方式。杰克·韦尔奇说："我的经营理论是要让每个人都能感觉到自己的贡献，这种贡献看得见、摸得着，还能数得清。"

著名的思科公司非常重视用奖励机制来留下人才。在设置薪酬时，思科会进行全面的市场调查，确定员工的底薪不是业界最低的。这样，既不会造成团队运营成本过高，也不会因低于行业标准而影响员工的积极性。

调动员工积极性的是思科丰富多样的奖金。思科希望员工的收入能够与其业绩更多地挂钩，于是他们以奖金来激励员工。思科的薪酬设置大致分为三部分：销售奖金（销售人员）、公司整体业绩奖金（非销售人员）、期权（全体员工）。

思科还设有名为"CAP"的现金奖励，金额从250美元到1000美元不等。一个具有杰出贡献的思科员工，可以由提名来争取奖励。一旦确认，这名员工就可以及时拿到这笔现金奖励。另外，每季度的部门最佳员工都会有国内旅游的机会。

当员工完成了某项工作时，最需要得到的是相应的肯定。所以，作为领导不要吝啬，让员工的利益与效益挂钩，就能激励员工随时处于亢奋状态，做起事来事半功倍。

以股份激励人才

晋商主要经营盐业、票号等产业，是我国历史上最著名的商帮之一。

晋商中有一个人叫雷履泰，他创办的票号"日升昌"以"汇通天下"而闻名于世。"日升昌"年汇兑白银100万两至3800万两，历经100余年，累计创收白银1500万两。清道光年间，晋商以票号业开始迈向事业的顶峰。从1823年"日升昌"诞生到辛亥革命后票号衰落的近百年间，票号经手汇兑的银两达十几亿两，其间没有发生过内部人卷款逃跑、贪污等事件。

这种奇迹的发生得益于晋商票号的分享制，晋商票号中员工

的待遇相当好。一是实行供给制，所有员工吃住都在票号内，本地员工节假日可回家，驻外员工也有不同的假期。在票号内的吃住以及回家旅费都由票号承担。此外，每个员工的收入包括两方面，一是每年养家用的工资，出徒之后就可享有，一般为70两左右；二是分红，这就是票号中独具特色的身股制。

票号实行股份制，东家所出的资本称为"银股"。拥有银股者是票号的所有者，他们决定大掌柜的任用，并承担经营的全部风险。经营者拥有的是"身股"，这种股不用出钱，当员工工作一定时间后，就可以开始享有身股。

按身股制，票号的员工可以分到多少钱？据资料记载，在每个账期（4年）内，高者可达到1700两银子，低者也有200两到300两银子。如大掌柜有10厘身股，每4年可以分到约10000两银子。

身股制可以说是创造票号辉煌的动力所在。身股是分红的标准，这种激励机制针对所有员工，其作用是把所有员工的个人利益与团队的整体利益联系在一起，让员工树立一种"团队兴、员工富"的观念，从而为团队的整体兴旺而奋斗。这种分享制不同于平均主义的大锅饭，每个人分红的多少取决于对团队的贡献。职务不同，承担的工作不同，责任不同，贡献也不同，体现了按业绩分配的激励原则。

其实，员工持股又称为员工配股计划，是一种常见的激励方式。其目的就是让员工在观念上改变身份，并通过股份分红或股票增值来分享团队成长所带来的好处。当员工持有股份时，他们的身份就变了。团队的兴衰不仅决定他们的收入，还决定他们手中股票的价值。对于员工来讲，如果他们仅仅是作为雇员为团队工作，领取工资，不满意或另有高就可以随时离开，员工对团队的关心度就不言而喻了。当员工成为股东以后，团队事业就是他们的事业。因此，对员工而言，持股是一种有效的激励。

身股制是分享制的一种形式。分享制就是全员参与分红，身股是分红的标准。这种激励机制针对的是所有员工。"二战"后，日本团队普遍采用了这种分享制。这是日本团队成为世界上效率最高的团队的重要原因之一，也对日本经济振兴做出了贡献。

这种管理模式有很多优点，员工积极性高、责任心强。如果增加了用工成本，影响了工作效率，都会影响收入分配。传统的员工分享制度是年终团队给雇员分红，现代分享制度除了分红之外，还包括雇员有权购买公司的股票，拥有公司股权，甚至还有的雇主向雇员提供虚拟的股份，被称之为"幻影股份计划"，其目的是为了激励雇员创造最佳工作业绩。

当然，以股份激励人才，其成功与否还取决于环境，管理者应该从公司的实际出发。

灵活发放奖金

奖金对于员工的激励作用无须赘述，但是奖金的发放如果能灵活把握，就能增加激励的效果了。

让我们来看一个关于奖金发放的故事。

日本桑得利公司董事长信志郎是一个善于激励员工的人，他的一些出人意料的激励方式常常让员工们感到十分愉快。

他把员工一个个叫到董事长办公室发奖金，常常在员工答礼完毕，正要离开的时候，他叫道："请稍等一下，这是给你母亲的礼物。"

说着，他就给了员工一个红包。

待员工表示感谢，又准备离去的时候，他又叫道："这是给你太太的礼物。"

连拿两份礼物，或者说拿到了两个意料之外的红包，员工心里肯定是很高兴的，鞠躬致谢，最后准备离开办公室的时候，接着又听到董事长大喊："我忘了，还有一份是给你孩子的礼物。"

第三个意料之外的红包又递了过来。

真不嫌麻烦，四个红包合成一个不就得了吗？

可是，合在一起，员工会有意外之喜吗？

信志郎真是太厉害了，他并没有多花一分钱，就赢得了员工的心。

在团队管理中，要采用必然与偶然两种技巧相结合的方式，更能体现激励的艺术。优秀的管理者懂得利用意外之喜激励员工，激发员工的工作积极性。

事先约定的丰厚奖励，员工当然会全力争取，但在目标日益临近的时候，可能会让员工失去激情，因为他已经视奖励为应得的。期待意外奖励的心情和得到意外收获的感受都会让员工铭刻于心。

任何人做事之前都对事情的结果有自己的期待，比如员工在辛苦了一年之后，临近年终时就会估算自己能拿多少年终奖。如果预期自己能拿1万元，但结果自己拿到了2万元，这种意外之喜无疑会激励自己来年更加努力。如果预期自己能拿1万元，但自己只拿到了5千元，肯定对公司有诸多怨言。

曾经蒸蒸日上的"塑料大王"梅布尔，经营的一家塑料生产公司在1998年业绩大幅滑落。由于员工们意识到经济不景气，这

灵活发放年终奖

现实中，很多持续经营的企业，由于年终奖的发放成为定制而使员工产生了"饱厌"现象，从而使年终奖的激励功能大打折扣。这就提醒管理者在年终奖的设计上要来些创新：

间歇发放年终奖

将年终奖分散化，淡化年终奖的概念，以此来打破年终奖的固化，使年终奖适当变形，成为刺激员工积极工作的间隙强化物。

> 通知上说咱的年终奖年前发一点，其他的年后分三个月随工资发放。

把年终奖化整为零

在接近年终时，以不同的名目发放，当然必须能够以充分的理由。这种灵活的发放方式对员工的激励效果远比一次性的发给奖金并且说不出更多的理由好得多。

> 只要你肯努力，都能获得奖金！
> （创新奖1万、特别贡献奖1万、敬岗奖1万）

尝试更有创意的年终奖

比如说旅游：在旅途中，既增进了员工间的感情和了解，又增加了员工的见识，一举两得。

> 这就是公司给咱的年终奖，大家跟上，别掉队。
> xx公司团队游

一年干得比以前更卖力。马上到年底了,按往年惯例,年终奖金最少加发两个月,多的时候,甚至再加倍。然而今年惨了,财务算来算去,顶多够发一个月的奖金。总经理李特隆看到这种情况后焦急万分,他知道员工今年的工作激情比任何一年都要高。如果按以前的标准发放年终奖的话,势必会给团队留下重大的创伤;如果不那样做的话,又怕员工的士气大败,这样给团队造成的损失将更大。怎么办?如何给员工一份满意的薪酬?

李特隆请远在马来西亚的董事长梅布尔一起商讨如何解决这个问题。董事长梅布尔听完总经理的介绍后,形象地说道:"每年的发红包就好像给孩子糖吃,每次都抓一大把,现在突然改成两颗,小孩一定会吵。"聪明的总经理突然灵机一动,想起小时候到店里买糖,他总喜欢找同一个店员,因为别的店员都先抓一大把拿去称,再一颗一颗往回扣。那个店员则每次都抓不足重量,然后一颗一颗往上加,这样使得李特隆很满意。于是,董事长和总经理为设计出员工满意的薪酬策略,达成了共识。

几天后,公司下达了一个决策:由于营业不佳,年底要裁员。顿时公司内人心惶惶,每个人都在猜会不会是自己。最基层的员工想:"一定由下面裁起。"高层主管则想:"我的薪水最高,只怕从我开刀!"但是,没过几天,总经理就宣布:"公司虽然艰苦,但我们不能没有你们,无论有多少困难,公司都愿意和你们一起渡过难关,只是年终奖金就不可能发了。"听说不裁员,人人都放下心头的一块大石头,早压过了没有年终奖金的失落。

除夕将至,员工看着别的公司的员工纷纷拿到了年终奖金,多少有点遗憾。突然,董事长召集高层领导开紧急会议。看领导们匆匆开会的样子,员工们面面相觑,心里都有点儿七上八下:

难道又要裁员了吗?

没过几分钟,各级领导纷纷冲进自己的办公室,兴奋地高喊着:"有了!有了!还是有年终奖金,整整一个月,马上发下来,让大家过个好年!"整个公司沸腾了,员工为了满意的年终奖而高呼,很多员工都主动要求过节期间加班。一次"满意"的薪酬激励,终于换来了第二年的发展。

可见,用奖励的方法激励员工办事是非常有用的。当然,这种策略最好是用在公司运营不佳的时候,否则公司赚得盆满钵满,再用这种方法来激励员工,就只能适得其反。

对管理者而言,宁愿在承诺的时候将"支票"开低一点,等最终兑现的时候,会让员工有意外之喜。最忌讳在承诺时乱开支票,等到兑现时却让员工失望,最终打击员工的积极性。

第八章 你体恤下级，下级才会拥戴你

领导和员工不是对立，而是合作

对于员工的误解，身为管理者要给予一定的理解，管理者必须设法让员工明白自己并不是站在员工的对立面，而是站在同一条船上。

领导和员工同在一条船上，有着共同的目标，也有着共同的利益，这条大船如果翻了，对谁都不利。在大船的行驶过程中会遇到狂风、暴雨，甚至触礁的危险，这就要求领导和员工团结一致，同生死共命运，为团队能战胜困难、渡过难关献出自己全部的力量。

究其根本，领导和员工只不过是两种不同的角色，只是分工不同而已，这两种角色实际上是一种互惠共生的关系。

自然界中有许多互惠共生的现象。比如非洲热带雨林中的大象、犀牛等，它们身体表面往往会有一些寄生虫，一些鸟类等小动物也栖息在它们身上，以这些小寄生虫为食，大象、犀牛避免了寄生虫对它们的侵害，可谓是互惠互利。这种现象在自然界中不胜枚举，在生物学中统称为共生现象。

对于领导而言，组织的生存和发展需要员工的敬业和服从；对于员工来说，他们需要的是丰厚的物质报酬和精神上的成就感。从互惠共生的角度来看，两者是和谐统一的——组织需要忠诚和有能力的员工，业务才能开展，员工必须依赖业务平台才能发挥自己的聪明才智。

要设法让员工明白,每个人与公司的利益是一致的,唯有全力以赴地去工作,为团队做出贡献,团队不会亏待每个做出努力的人。

有时候,为了团队的利益,每个管理者会对一部分员工给予一定的惩处或奖励。而这种因个人效率产生的分配不均自然会引起部分员工的心理不平衡,或者由于沟通不畅引起部分员工的不理解,员工的这些情绪都是可以理解的,但作为管理者必须做好充分的沟通工作,站在员工的角度,设法化解他们的对立情绪。

当然,身为管理者尤其是一线管理者,如果整天只是坐在办公室里,打打电话,喝喝茶水,哪怕做了再多的工作也不会为员工所了解。与员工的隔膜,使得员工无意中让自己的立场与管理者对立起来,使管理者和员工之间原本和谐共赢的关系变得紧张起来。

当员工产生对立情绪之后,便会产生斤斤计较的心理。斤斤计较一开始只是为了争取个人的小利益,但久而久之,当它变成一种习惯时,为利益而利益,为计较而计较,就会使整个团队的氛围变得狭隘、人人自私自利。它不仅给员工和管理者个人造成损失,也会扼杀团队的创造力和责任心。

管理者并不像员工想象的那么轻松潇洒,作为团队的管理者,他们承担着巨大的压力和风险,他们只要清醒着,头脑中就会思考组织的行动方向,一天十几个小时的工作时间并不少见。而这些必须让下级员工了解。

今天种下的种子,总有一天会结出甜美的果实。每个人都知道,只有上下齐心协力,才能使团队在激烈的竞争中立于不败之地。在团队获得良好发展的同时，员工的利益才能得到持久的保障。

领导与员工"将心比心"

在繁华的大街上，几个人把一位瓜农的西瓜砸了个稀巴烂，卖瓜的女主人在大街上抱着烂瓜痛哭。这几个人一定是没种过瓜，如果他们与瓜农换一下位置，让他们到田间地头感受、体会一下，想一想农民从育苗到瓜成熟这几个月中的艰辛，也许就不忍心这么做了，一定会对瓜农体贴许多。

换位思考，就是我们所说的将心比心。所谓换位思考，就是要把自己设想成他人，站在他人的角度考虑问题。很多时候甚至需要暂时抛开自己的切身利益，去满足他人的利益。其实，利益在很多时候是互相关联的，你能考虑他人的利益，他人也会考虑你的利益。在管理实践中，我们要学会将心比心。

人们最常听到的是管理者与员工相互间的抱怨，即使偶尔彼此关心一下，也让人觉得有点假惺惺的。管理者和被管理者固然是一种上下级关系，但同时也是一种合作的关系。

我们常常看到这样的现象，一个员工可以为一个陌生人的帮助而心存感激，却无视朝夕相处的上司、同事的种种恩惠、帮助和支持，将一切视为理所当然，视为纯粹的商业交换关系。为什么会出现这样的情形呢？每个管理者都应该为此深思。

管理者要经常引导员工学会将心比心，站在管理者的角度思考，员工一定会收获很多。而管理者自己也要学会将心比心，想一想员工的辛劳。这样一来，就往往能促进团队氛围的改善和团队业绩的提升。

让员工多谅解领导的难处

在工作中，团队领导者承受着不为人知的痛苦和责任，他们在为公司工作的同时，也要为员工的发展搭建平台。

抉择之痛

领导者的角色就好像是一艘船的船长，时刻要考虑到企业之船的航向。只要企业存在，企业抉择的问题就时刻萦绕在企业领导者的心头。

责任之痛

企业领导者身上肩负着企业的责任、员工的责任、社会的责任等多重责任，这种责任在为他们带来种种荣耀的同时，也给他们带来了巨大的压力和痛苦。

身体之痛

很多企业领导者夜以继日地工作，就是为了团队有更好的成绩。

所以，没有人会轻易获得成功，员工要多站在领导的角度考虑问题，给领导多一些理解与支持，多想想领导的处境，理解领导的用心。

在松下公司创办初期，松下公司的产品并没有在市场上打开销路，松下幸之助本人不得不亲自带着产品四处奔波推销。每次松下总要费尽唇舌，跟对方讨价还价，直到对方让步为止。

买主对松下幸之助的还价劲头钦佩不已，就向他讨教原因。松下幸之助的原因很简单：如果不能在激烈的市场竞争中为自己赢得一席之地，不能为公司创造业绩，那么自己的团队就会濒临崩溃，自己的员工就会面临下岗。

正是在这样的情境假设下，松下公司的每个员工都把团队当作是自己的家，为公司的发展全力以赴，从而在激烈的市场竞争中取得了突破性的发展，最终成长为令人瞩目的电子帝国。

作为团队的领导者，也有自己的不容易，却不足为外人道。作为员工，从进入公司那一天起，就要对组织的规章制度、产品特征、市场实力以及团队文化不断地融入，进而还要了解上司的脾气秉性、工作作风、性格特征。这样，更有利于员工站在领导的角度考虑问题，进而理解领导的工作方法。

领导与员工进行换位思考，双方都要试着体谅各自的苦衷，只有这样，才能真正从对方的角度考虑问题。

员工和领导实际上是共同创造价值，共同分享经营成果的互惠共生关系。在现今的商业环境中，领导和员工之间需要建立一种互信的关系。

"将心比心"是一种有效的管理体验。换位思考后，员工不会与领导对抗，会自觉调整自己与领导的对立情绪，同情和支持自己的领导，时刻与领导站在同一条战线上。

与员工建立深情厚意

谁都知道,有了"情意"好办事。但"情意"都是有限的,就像银行存款一样,你存进去的多,能取出来的就多;存得少,能取出来的就少。你若和别人只是泛泛之交,你困难时别人帮你的可能就很小,因为人家没有义务帮你。如果你平时多储蓄"情意",甚至不惜血本的投资,急用时就不至于犯难。

常言道,"士为知己者死,女为悦己者容"。能为知己者死的,必是具有深厚感情。

公元前239年,燕国太子丹在秦国当人质,秦国对他很不友好,太子丹对此怀恨在心,偷偷逃回燕国,于是秦国派大军向燕国兴师问罪。太子丹势单力薄,难以与秦兵对阵,为报国仇家恨,他广招天下勇士,去刺杀秦王。

荆轲是当时有名的勇士,太子丹把他请到家里,像招待贵客一样,对荆轲照顾得无微不至,终于,打动了荆轲。后来,又对逃到燕国来的秦国叛将樊於期以礼相待,奉为上宾。二人对太子丹感激涕零,发誓要为太子丹报仇雪恨。

荆轲虽力敌万钧,勇猛异常,但秦廷戒备森严,五步一岗,十步一哨,且有精兵护卫,接近秦王难于上青天。于是,荆轲对樊於期说:"论我的力气和武功,刺杀秦王不难,难在无法接近秦王。听说秦王对你逃到燕国恼羞成怒,现正以千金悬赏你的脑袋,如果我能拿到你的头,冒充杀了你的勇士,找秦王领赏,就能取得秦王的信任,并可乘机杀掉他。"樊於期听罢毫不犹豫,拔剑自刎。

荆轲带着樊於期的人头和督元地方的地图去见秦王,这两件东西都是秦王想要得到的东西。但他未能杀掉秦王,反被秦王擒杀,只为后人留下了"风萧萧兮易水寒,壮士一去兮不复还"的悲壮诗句和"图穷匕见"的故事。

樊於期之所以能"献头",荆轲之所以能舍命刺杀秦王,都完全是为了回报太子丹的礼遇之恩。"投桃报李""滴水之恩,涌泉相报",足以说明"恩惠"对人心感化的巨大作用。

其实,有时管理者给下级以关心只是举手之劳,并不费多少力气,可是对下级来说都是一种莫大的安慰,必要时他会舍命来报答你。

李强与王刚在一起工作了多年。李强在工作中表现平平,虽然工作了七八个年头,但仍是一个小职员;而王刚则能力很强,成绩突出,如今已是销售部经理。由于两个人在工作中没有什么来往,私底下也仅是点头之交。

有一次,王刚因为牵涉进一个重大变故,而受到董事长的冷落,被从销售经理的位置上降了下来。祸不单行,王刚的母亲又因心脏病突发而去世了。双重打击使王刚感到格外悲凉。这时候,李强很同情王刚的境遇。在他母亲下葬的那一天,李强主动去帮忙,担任受礼的工作。当时正是寒冬腊月,北风大作,其他同事都躲进了屋里,只有李强一直在外面帮助处理各种事情。

这让王刚很意外,也很感动。他发现真是患难见真情,觉得李强这时候的形象突然高大起来。从此,李强与王刚经常来往,王刚一改以往的态度,也常主动帮助李强。

一年以后,王刚在公司东山再起,因为做了突出的贡献,他重新当上了销售经理,不久又迅速升任总经理。他忘不了李强在他有难时的帮助,再加上他十分清楚李强的个人能力,李强被提

如何与员工建立深厚感情

在工作中,如果你能够给员工正巧所需的东西,自然会得到员工的感激,但问题的关键是,应如何恰当地送出人情。

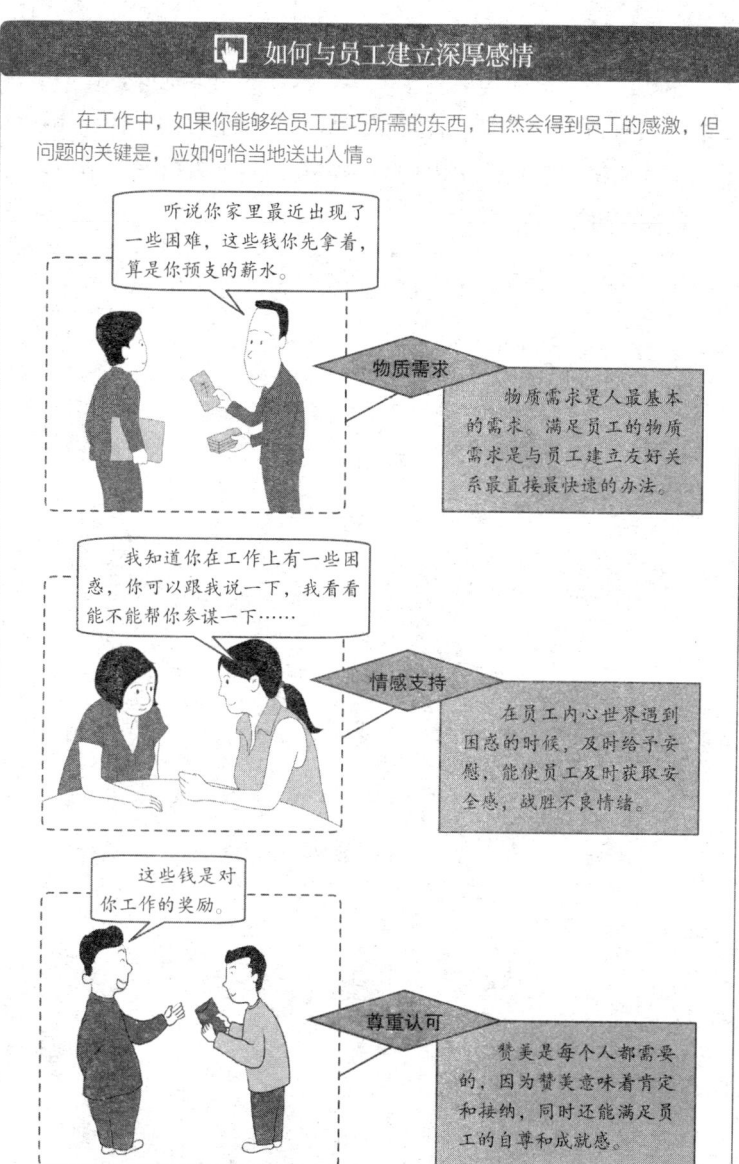

拔为销售经理。

  人非草木，孰能无情。无论一个人外表多么强硬，在内心深处都一定有情感的需要，就是希望从别人那里得到关怀、体贴和重视。物质满足替代不了人的情感需要，甚至有时候，情感需要比物质需要更重要。

第九章

提供晋升的梯子,员工会自发往上爬

建立良好的晋升机制

百度公司董事长李彦宏说:"为员工提供晋升机会,可以促进员工提升个人素质和能力,充分调动全体员工的主动性和积极性,并在公司内部营造公平、公正、公开的竞争机制,但在提供晋升机会的同时,要注意规范公司员工的晋升、晋级工作流程。"

晋升机制是对团队管理者和员工的一种良好激励,实施得好,能形成良好激励氛围,提升个人和团队的业绩,留住团队的优秀员工。

将团队内部业绩突出和能力较强的员工加以晋升是一种十分常见的激励方式。这种方式提供的激励包括工资和地位的上升、待遇的改善、名誉的提高,以及进一步晋升或外部选择机会的增加。晋升提供的激励是长期的,这样可以鼓励团队员工长期为团队效力。

人都有交往和受到尊重的需要,头衔往往有利于满足这种需要。因此,晋升体系要充分地应用这一事项。

某公司是一家生产电信产品的公司。在创业初期,依靠一批志同道合的朋友,大家不怕苦不怕累,从早到晚拼命干。公司发展迅速,几年之后,员工由原来的十几人发展到几百人,业务收入由原来的每月十来万发展到每月上千万。团队大了,人也多了,但公司领导明显感觉到,大家的工作积极性越来越差,也越来越

晋升模式

"小王的能力非常强，从今天起，他就是你们的部门主管了！"

按工作表现晋升

工作表现好、工作能力突出，是员工晋升的最主要原因。

"老李上班时间穿衣服这么随便，看来工作也不严谨，不能让他升职。"

按投入程度晋升

当一名员工能约法守时，按规定着装，遵守企业的一切规章和制度，能配合上级将工作开展得井井有条，非常出色，那么必定会受到上级的赏识。

"老王资历高，能力强，他升职，我服！"

按年资晋升

按年资晋升这在表面上是只看资历，实际上是资历与能力相结合，在获得可晋升的资历之后，究竟能否晋升，完全依据对其工作的考核。这种制度承认员工经验的价值，给予大家平等竞争的机会。

计较。

他想，公司发展了，应该考虑提高员工的待遇，一方面是对老员工为公司辛勤工作的回报，另一方面是吸引高素质人才加盟公司的需要。为此，这家公司重新制定了报酬制度，大幅度提高了员工的工资，并且对办公环境进行了重新装修。

高薪的效果立竿见影，这家公司很快就聚集了一大批有才华、有能力的人。所有的员工都很满意，大家的热情高，工作十分卖力，公司的精神面貌也焕然一新。但这种好势头不到两个月，大家又慢慢回复到懒洋洋、慢吞吞的工作状态。

这家公司的高工资没有换来员工工作的高效率，公司领导陷入两难的困惑境地，既苦恼，又彷徨，却又不知所措。

很多团队把薪资作为唯一的激励手段，在一些老板的意识里，花高价钱就能打动人才的心。实际上，我们也要注重人才的精神需求。当物质充足了，人才要求被尊重、独立决策的精神需求就增强了。头衔的改变就是最直接的精神奖励。

现代团队都很重视对员工的晋升，但实施得不好就会破坏团队气氛，影响员工工作情绪，并有可能产生破坏性作用。比如人才职位晋升后，却无法胜任新岗位的工作，工作效率下降了；或者人才职位晋升后，发现没有合适的人来顶替原来的岗位工作。这就说明了团队对人才晋升的机制没有做好，那么团队应如何设定有效的人才晋升机制呢？看看松下公司给我们的启示。

松下总裁松下幸之助有句名言说松下首先是制造人才的团队，然后才是制造电器。松下完备的晋升制度里尤其注重四点：

（1）资质审查。晋升者资质审查和接替岗位培养资质审查。确保晋升者有能力完成更高的岗位工作，同时也保障后来者有能力顶替上来。

（2）晋升培训。员工或管理者要想晋升，必须接受系统化的培训，只有通过培训考核合格才能上岗。

（3）晋升周期。除特殊情况外，一般管理者晋升都必须岗位工作满一年后，才可以晋升，同时晋升后考察期必须在1~3个月。

（4）责、权、利的统一。晋升到新岗位后，岗位职责不一样、权限不一样、报酬不一样，充分考虑对晋升者的激励。另外，职位的晋升也同薪酬做了有效的匹配，确保激励有效。

松下完整的人才晋升链条确保了人才晋升前后工作绩效的提升，让人才发挥最大潜能。

现代团队应建立晋升机制，引入适度竞争。如果团队工作效率低，可在短期内提拔几位精英人才，让员工感觉到差距的存在，同时让他们产生危机感，如果落后就有可能失去工作。以此消除员工的惰性，激发团队内部活力。

值得注意的是，管理者在制定晋升规则时还要注意以下四点：

（1）"阶梯晋升"和"破格提拔"相结合。"阶梯晋升"是对大多数员工而言。这种晋升的方法可避免盲目性，准确度高，便于激励多数员工。但对非常之才、特殊之才则应破格提拔，使稀有的杰出人才不致流失。

（2）机会均等。人力资源经理要使员工都有晋升之路，即对管理人员要实行公开招聘，公平竞争，唯才是举，不唯学历，不唯资历，只有这样才能真正激发员工的上进心。

（3）德才兼备，德和才二者不可偏废。团队不能打着"用能人"的旗号，重用和晋升一些才高德寡的员工，这样做势必会在员工中造成不良影响，从而打击员工的积极性。因此，团队经营者对第一点提到的"破格提拔"要特别小心，破格提拔的一定是具有特殊才能的公司不可或缺的人才，他的德才要能服众。避免其他员工对晋升产生"暗箱操作"或者遭遇"潜规则"的误会。

（4）建立人才储备库。团队人力资源部门应定期统计分析公司各单位的人员结构，为团队建立人才储备库。依据员工绩效考核结果和日常考察情况，筛选出各层级的核心、优秀、后备人才，对各专业、各层次的人才做到有计划开发，适当储备，合理流动，量才使用，并以此指导公司的培训、引才、留才的工作。

用晋升转化为持久的吸引力

在一个团队内部，晋升的岗位是有限的，在公平竞争的氛围下，每个人都有晋升的希望，这样晋升就转化为持久的吸引力，而这种诱惑无疑具有相当的激励作用。

有些管理者发现，优秀的员工也有可能会原地踏步，这是因为当看不到自己工作上的成就感和自己的发展空间时，员工可能就陷入了长期空转的境地。

制定有效的晋升制度，让出色的员工适时得到提拔，可以满足员工的心理需要，并且让他感觉到上司对他的信任，从而忠心于所在团队，死心塌地地为所在公司贡献力量。

日本企业界权威富山芳雄曾经亲身经历过这样一件事：

日本某设备工业公司材料部有位名叫 P 君的优秀股长，因为精明强干，上司交给他很多工作。P 君工作积极、人品好，深受周围同事的好评，富山芳雄也认为他是很有前途的。

让员工看到晋升的希望

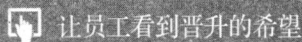

提拔晋升优秀人才，不仅可以激励员工的士气，也是留住员工的一种有效方式。因此，要让员工看到晋升的可能，这样才能有奋斗的动力。

对于员工来说，晋升不仅仅意味着薪金的提升，更主要的在于责任的承担，意味着他们的理想和抱负更容易施展，能在更大的平台上奋斗，也更能获得自我实现的满足感。

建立了晋升的阶梯，就为员工的职业生涯打通了道路。这样，员工就可以目标明确地通过努力不断地得到晋升。

但是，十年之后，当富山芳雄再次到这家团队时，竟发现 P 君判若两人。原以为 P 君跟十年前相比一定有很大变化，谁知他还是个员工，并且留给人的是一副厌世者的形象。

对这一情况，富山芳雄感到很惊异，他经过调查了解才明白事情的真相。原来 10 年中，他的上司换了三任，最初的上司因为 P 君精明强干，且是个靠得住的人物，丝毫没有让他调动的想法。第二任上司在走马上任时，人事部门曾经提出调动提升 P 君的建议，新任上司不同意马上调走他。经过三个月的考虑，他答复人事部门，P 君是工作主力，如果把他调走，势必要给自己的工作带来很大的困难。就这样，哪任上司都不肯放他走，P 君只好长期被迫做同样的工作，提升之事只能不了了之。他最初似乎没有什么想不通的，干得也不错。

然而，随着时间的推移，他逐渐变得主观、傲慢、固执，根本听不进他人的意见和见解，加之他对工作了如指掌，于是对其他人的意见也不肯听。结果他的同事谁也不愿意在他身边长久干下去，纷纷要求调走。而上司却认为，他虽然工作内行，堪称专家，却不适合担任更高一级的职务。

就这样，P 君最终被调离了第一线的指挥系统。

怎样才能让员工保持对工作的兴趣呢？晋升肯定是最有效的方式之一。如果不给员工任何晋升的机会，员工的感觉可能是你不信任他，不放心他，怀疑他的能力，他肯定是不会尽心竭力去工作的。

让出色的员工适时地得到提拔，这是对员工能力的肯定和赞许，相信这也会给员工以更大的发展空间。晋升满足了员工的心理需要，并且让他感觉到上级对他的信任，从而忠心于所在团队。

要让员工相信,通过自己的努力能不断晋升,让他看到晋升的希望。一般来说,资历和能力是团队管理者做出晋升决策的基本依据。但是晋升不能只考虑资历,这样就将晋升的不确定性转化为确定性,并且对努力的员工来说也有失公平。可以从技能、知识、态度、行为、绩效表现、产出、才干等方面进行衡量,遇到合适的岗位遵循一定的晋升机制来执行,这样就能将晋升转化为一种持久的诱惑,有效激发员工的积极性。

员工总是希望被晋升,但现实情况不可能满足每个人的晋升愿望,所以最为关键的是建立公平合理的晋升机制,让每个人都有晋升的可能性。不公正、不公平的晋升可能会引起员工的猜疑和抵触,使得团队的正常运作被打断,让团队的效率低下。公平合理的晋升体制能有效激励员工,而员工晋升后也会以自己的努力回报单位。

保证优秀员工能顺利"晋级"

经常用升迁的办法来奖励员工,并不是容易做到的事。相对于升迁的职位,永远只可能"僧多粥少",那么晋升谁才能起到最大的激励效果,这是管理者需要考虑的问题。

管理者如果碰到这样的问题应该如何回答呢?你准备提一个部门经理,有两个人可以选择,一个是公司的资深老员工,来公司的时间最长、资历最老,但工作能力一般;一个是公司的新人,来公司的时间只有三年,但工作能力出众,你究竟会选择谁呢?也许碰到这样的问题,没有统一的答案,在他们看来都有坚持自己选择的理由。

不过，管理者必须要明确，唯有大胆地使用能力突出的员工，让他们顺利"晋级"，才能激励优秀的员工。

麦当劳作为世界上最大的快餐品牌之一，它的内部晋升体制是公平合理的，每个人都能获得持续晋升的可能。每个进入麦当劳的年轻人，不论他有什么学历，都要从最基本的琐碎工作开始做起。

43岁当上全球快餐巨头麦当劳首席执行官的查理·贝尔，是第一位非美国籍的麦当劳公司掌门人，而且也是麦当劳最年轻的首席执行官。谁也没想到的是，拥有如此显赫头衔的他，最初却只是澳大利亚一家麦当劳打扫厕所的临时工。

查理·贝尔的职业生涯始于15岁。1976年，年仅15岁的贝尔于无奈之中走进了一家麦当劳店，他想打工赚点零用钱，也没有想到以后在这里会有什么前途。他被录用了，工作是打扫厕所。虽然扫厕所的活儿又脏又累，但贝尔却对这份工作十分负责，做得十分认真。

他是个勤劳的孩子，常常是扫完厕所，就擦地板；擦完地板，又去帮着翻正在烘烤的汉堡包。不管什么事他都认真负责地去做，他的表现令麦当劳打入澳大利亚餐饮市场的奠基人彼得·里奇心中暗暗喜欢。没多久，里奇说服贝尔签了员工培训协议，把贝尔引向正规职业培训。培训结束后，里奇又把贝尔放在店内各个岗位上。虽然只是做钟点工，但悟性出众的贝尔不负里奇的一片苦心，经过几年锻炼，全面掌握了麦当劳的生产、服务、管理等一系列工作。

19岁那年，贝尔被提升为澳大利亚最年轻的麦当劳店面经理。为优秀的人才提供了成长的机会，提供持续晋升的机会是优

员工晋升存在问题的解决方案

让优秀的人才得到晋升，这是理想状态。但是，由于"职务"在团队内部属于稀缺资源，因而一旦有晋升机会，员工无不"八仙过海各显神通"，这就使理想成真变得很难。要解决这个问题，就必须做到以下几点：

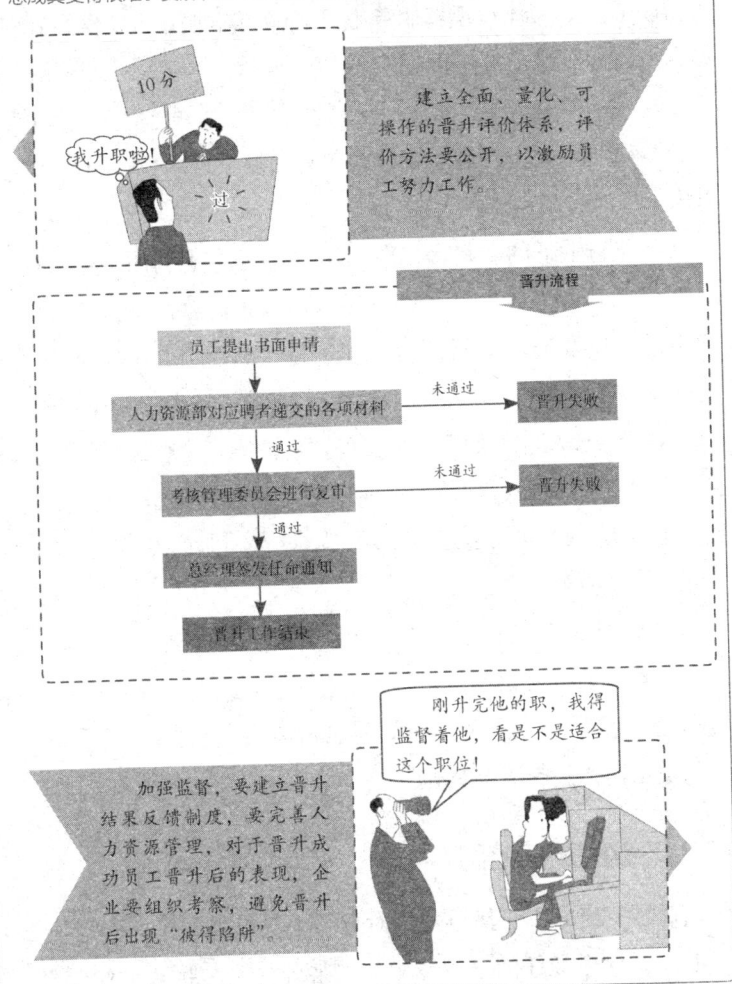

建立全面、量化、可操作的晋升评价体系，评价方法要公开，以激励员工努力工作。

加强监督，要建立晋升结果反馈制度，要完善人力资源管理，对于晋升成功员工晋升后的表现，企业要组织考察，避免晋升后出现"彼得陷阱"。

秀团队的成功之道。有一位管理者这样说:"无论管理人员多么有才华、工作多么出色,如果他没有预先培养年轻有为的员工,没有培养自己的接棒者,那么他的管理就是不成功的。"

一个优秀的下级是否得到提升,关键看他是否适合将要从事的新职务。如果他在现有职务上已经做得非常好,工作能做到游刃有余,这样的人才有可能得到提升。

拿破仑在任用将领时,坚持的原则是"勇气过人""机智天才""年轻有为",我们从拿破仑年轻而威武的将领阵营中就可以看出:

拿破仑手下的名将马尔蒙,26岁出任意大利法军炮兵司令,27岁任军长和炮兵总监,32岁任达尔马齐亚总督;达乌,28岁,担任远征埃及的骑兵指挥官;苏尔特,25岁任准将,30岁晋升少将……

对于有较高才能的下级,要保证他能顺利"晋级",设法提拔到更加重要的岗位,让他们在发挥才干的过程中激发自己的创造性。有了优秀人才而迟迟不重用,不仅对团队的发展无益,也可能最终失去这些优秀的人才。

不可否认的一个现实是,当一个团队发展到一定的规模后,老员工都会有一种惰性,在某种程度上制约并影响了团队的发展。优秀的管理者,必须站在团队发展的高度,优先晋升那些真正优秀的员工而不是资历老的员工。

扩大下级的责任范围

晋升下级并不是简单地给对方一个头衔就够了,而是一个交付工作、承担责任的过程。比如,某公司一位优秀的中层经理,老板在增加他工作量的同时把他提拔到副总经理的位置，随之而来的问题就是这位新任的副总经理是否胜任他的新工作。伴随着晋升而来的，是与之相伴的责任范围。但是，这也有点本末倒置，不少管理者的做法是，先扩大下级的责任范围，等到证明了他的工作实力之后再授予头衔。

对于相当一部分优秀的人才而言，给他"压压担子"，扩大他的责任范围，对他而言无疑是一种激励。

林波大学毕业后，进了一家机械厂工作，跟他一同分配来的还有四五个大学生。他们几乎都没经过什么技术培训，就被分到各个部门，担任基层管理人员。

由于他们不懂生产，不熟悉工艺流程，所学专业与实际操作又相差太远，在管理上明显感到力不从心。加之有些工人也欺负他们是外行，工作中总是偷奸耍滑、偷工减料，这让他们感到非常头疼。为此，领导向他们提出建议：下车间当个三班倒的工人。林波当即同意了。这个消息一传出，全厂哗然，大家都说他是个怪人，连那几个大学生对此都表示不能理解。

林波对各种议论根本就不加理会，到了制造车间安安心心做了一名工人。他全身心地投入工作中，努力钻研各项技术，熟悉每个工种。由于他勤学好问，那些生产能手们都爱教他，把自己多年的经验毫无保留地传授给他，很快他就全面掌握了生产工艺，生产中遇到的问题没有他解决不了的。两年后，他升任车间主任。面对成功，他并不骄傲自满，始终严把产品质量关，他所在车间的产品质量一直是最好的。

几年后，厂里决定试行承包制。林波承包了一个车间，由于他技术过硬，又勤奋好学，工人们也都乐意跟他干。这时，他又拿出钻研业务的劲头投入到营销中去,成立了一支精干的销售队伍。由于产品质量过硬,营销自然得力,很快就打开了市场销路,在全行业中成为赫赫有名的人物。到了年底,其他车间都出现了不同程度的亏损,唯有林波承包的车间赢得了巨额利润。因此,厂里决定把所有车间都承包给他。在厂部对科室人员进行精简时,当年和他一同进厂的大学生因为技术不过关,有的甚至下岗了。

薪水并不能保证一个人尽职尽责地工作。只有让员工把自己的职位视为一个实现自我价值、追求卓越体验、造福社会的平台时,才能充分激发出内心的热情和责任感。

在一个职责划分明确的组织里,扩大下级的责任范围,给予他特别的任务或挑战,可谓晋升最可靠的方法。

责任是使人进步的"牵引器",给优秀的员工"压担子",能促使员工更大限度地完成自己的工作。任何一个优秀的员工都是一个负责的员工,因为他们都明白,责任是他们进步的不竭动力。

于强在一家电器公司担任市场总监,他原本是公司的生产工人。那时,公司的规模不大,只有三十多人,有许多市场等待开发,而公司又没有足够的财力和人力,每个市场只能派去一个人,于强被派往西部。发展好了,前景不可限量。前途虽然光明,但是道路注定是曲折的。

于强在那个城市里举目无亲,吃住都成问题,但他相信开发市场是自己的责任。没有钱坐车,他就步行去拜访客户,向客户介绍公司的电器产品。为了等待约好见面的客户,他常常顾不上吃饭。他租了一间破旧的地下室居住,晚上只要电灯一关,屋子

里就有老鼠们在那里"载歌载舞"。

那个城市的气候不好,春天沙尘暴频繁,夏天时常暴雨,冬天天气寒冷,对于一个物资匮乏的推销员,这简直就是一个巨大的考验。公司提供的条件太差,远不如于强想象的那样。有一段时间，公司连产品宣传资料都供应不上，好在于强写得一手好字，自己花钱买来复印纸，用手写宣传资料。

在这样艰苦的条件下，内心不动摇几乎是不可能的，但每次动摇时，于强都会对自己说："这是我的责任，为了自己和家人也要坚持下去。"一年后，派往各地的营销人员都回到公司，其中有很多人早已不堪忍受工作的艰辛而离职了，在剩下的这些营销人员中，于强的业绩是最好的。

后来，于强凭着自己过硬的业绩当上了公司的市场总监。

可以说，对自身责任的坚持，正是于强进步的阶梯。管理者给予员工一定的权限，他会尽自己的最大努力去争取进步。

记住，你是在培养一个人，而不仅是在提拔一个人。给自己看准的员工"压担子"，鼓励他做出实际的工作成绩时，就能提升他。如果你一再地给优秀员工特殊的责任，或者让他参与挑战性的工作，实际上你已经告诉所有人，你对他非常器重，其他的员工必然也会注意到这种情况，他们也必然会奋起直追。

管理者在通过晋升方式激励员工的过程中，不妨先尝试扩大下级的责任范围。

第十章
胡萝卜加大棒,奖励与惩罚并举

"只奖不惩"或"只惩不奖"都有失偏颇

自古以来,管理国家、军队、企业都有一条有效铁律,那就是"赏罚分明""奖勤罚懒"。

纵观历史,但凡有名的军事家,在治军上都是法纪严明的,诸葛亮更是如此。作为三国时期最为著名的管理者之一,诸葛亮管理所有军政事务,假如没有一些手段,他是办不成事的,而诸葛亮的手段之一就是赏罚分明。对有功者,他施以恩惠,不断激励;对犯错误者,他严肃法令,秉公执法。有两件事可以反映诸葛亮的赏罚分明:

第一件事:诸葛亮首次北伐时,马谡大意失街亭,致使诸葛亮北伐之旅遭到彻底失败。诸葛亮退兵后,挥泪斩了马谡。同时,诸葛亮对在街亭之战立有战功的大将王平予以表彰,擢升了他的官职。

第二件事:作为托孤重臣的李严,一直为诸葛亮所器重。但在北伐时,李严并没有按时将粮草提供给前线,反而为了逃避责任在诸葛亮和刘禅之间两头撒谎,诸葛亮不明就里,只得退兵。后来诸葛亮了解到了真相,将李严革职查办。

街亭一战,可以说是诸葛亮平生最为狼狈的一次。街亭战后,诸葛亮对马谡的罚以及对王平的赏,都充分体现了诸葛亮恩威并施的不凡智慧。通过他的举措,军纪得到了整肃,士兵的士气也被鼓舞了。在现代团队管理中，管理者也应该像诸葛亮一样，有奖有罚、恩威并施，这也是对员工很重要的一个激励手段。

赏罚分明，这是最高明的管理手法。即使当一个团队欣欣向荣时，也要对不合时宜的错误行为实施惩罚；而当团队发展遭遇困境时，也要对促进团队发展的人或事给予相应的奖励。唯有树立正确的奖惩导向，才会坚定员工的信心。

多运用正激励，少运用负激励

为了使员工能遵从自己的预期，激励的方法必不可少。奖励作为正激励的主要表现手段，惩罚作为负激励的主要表现形式，它们被广泛应用。

当然，可以强硬地命令下级去做，或以解雇、惩罚的威胁使部下与自己合作，但请不要忘记，这一切只能收表面之效，而背后必然大打折扣，因为这些方法具有明显的令人不愉快的反作用。

每一个老板都希望员工尽全力做好工作，然而要想使某人去做好某事，只有一个方法，这就是使他愿意这样做。综合运用"胡萝卜"+"大棒"的管理策略，让正激励与负激励结合起来，才能实施最有效的管理。

联邦快递有一项重要管理原则：奖励胜于惩罚。公司经常让员工和客户对工作做出评估，以便恰当表彰员工的卓越业绩。联邦快递的经理会领导员工按工作要求做出适当的个人调整，帮助员工创造一流业绩。公司设计了考核程序和培训计划，以确保经理知道如何做出正确的榜样。公司的高级经理就是下级经理的榜样。他们注重加强地面运作，让每个员工专注于单一目标，这样就能整体达到一定水平。它使联邦快递能把50000名员工专注于提高生产效率和服务客户，所以他们达到了以前从没想过能实现的另一个高峰，工作绩效接近100%，而成本却降到最低水平。

联邦快递还使用员工子女的名字来给新买的飞机命名。公司通过抽签的方式来挑选幸运者，选中幸运儿之后，不但把他孩子的名字漆在飞机的鼻尖上，而且会把孩子和他的家人送到飞机工厂参加命名仪式。

这一系列的激励方法使得联邦快递公司员工每天都充满激情地工作，更使得联邦快递成为全球最具规模和知名度的公司。

在对员工进行激励制度时应该注意多奖少罚，这样才能调动员工积极性，促进员工进步。"大棒"运用多了，只会打击员工的积极性。

老孙是位50多岁的老年顾客。一天，他在百货大楼买了一个茶杯，觉得不太满意，第二天一大早就来要求退货，营业员小赵接待了他。小赵看了看茶杯说："没什么问题呀，为什么要退呢？"老孙沉着脸回答："是没什么问题，我就是想退。"小赵略微犹豫了一下，说："好吧，把您的发票给我看看。"老孙说："发票弄丢了！"小赵说："按照商场规定，退货必须要有发票。"听了这话老孙很不高兴，大声说："没有发票，你退不退？"这个时候，有很多人都把目光集中到了小赵身上。怕影响不好，小赵只好解释道："我不是那个意思。按照规定没有发票不能退货，所以我不能给您退。"老孙蛮不讲理，声音更大地说："不给退不行。"很多人围过来观看，小赵考虑到事情越吵越大，影响公司的声誉，于是同意退货。老孙这才同意离去。

事后，商店领导经过研究，认为小赵没有按照"顾客只有凭借发票才能退货"这条规定办事，本着严格要求的原则，给予小赵通报批评的处分，并处以相应的罚款。小赵觉得很委屈。这个处罚在员工之中产生很大震动：在以后的工作中他们严格按规定办事，不管顾客的意见有多大，不管顾客对公司有多么不好的评价。

公司对员工的处罚并不全面，应该是有罚有奖，毕竟员工的出发点是好的。商场管理者在处理这件事上并不完美，管理者完全可以在处罚之外对小赵及时平息顾客的怒火给予一定的奖励。这样既可以保证对公司规章制度的维护，也保全了员工的工作积极性。

多运用正激励，不但能有效地激发出员工的自信心和工作热情，还能融洽上下级关系，使工作变得优质、高效。

奖励胜于惩罚，赞赏胜于批评。管理者应该把正激励纳入到日常管理当中，制定出专门的制度来，当员工取得成绩和进步时给予他们实事求是、恰如其分的正激励。

建立惩恶扬善的奖惩机制

奖赏和惩罚是管理者手中的一把双刃剑。作为管理者，必须掌握好奖惩的方式与分寸，进而激励下级为实现组织目标而努力奋斗。

1. 有效奖励

一个公司在其内部坚持合理冲突的情况下，首先奖励的应是协调一致、团队精神和全力工作。团队工作中每一个人的工作都是模糊的，只有当所有的人都将工作成功地完成后，才能看清自己的成绩。然后，再根据人们或组织对全局做出的贡献给予奖励。只有这样，才能建立和创造一个良好的合作气氛，使团队具有更为坚强的战斗力。

应确立这样的观念，奖励的运用必须彻底解决问题，而不是不顾长远利益的临时应付。你应在较长的时间内评价人，对表现一贯良好的人给予重奖；确定对组织成功至关重要的、战略性的一两个因素，并奖励为这一两个因素做出贡献的人；另外，要奖励着眼于长远发展并为之做出贡献的人。

风险永远伴随着成功。优秀的团队总是鼓励人们冒险并允许人们犯错误。但要奖励机智的冒险，切不可去嘉奖那些愚蠢的行为。要及时鼓励失误者，告诉他们，当一个项目失败时，只不过是推迟了庆祝成功的时间。

在一个团队中，你总能找出以下几种类型的人：希望别人干活的人，说得很多干得很少的人，对别人所做的事评论没完的人，默默奉献的人。我们都希望拥有最后一种人，少有或没有其他类型的人。但是，默默奉献的无名英雄的功绩有时会被喋喋不休、怨天尤人、哗众取宠的人所掩盖。不注重奖励默默奉献的无名英雄，而是用大量时间去安抚叽叽喳喳者的管理者，会很快看到很多人都在叽叽喳喳而不再认真工作。我们应有意识地发现下级好的行为，并鼓励他们做得更好；平时要提防投机者，决不纵容他们；要善于找出手下的无名英雄，要及时奖励他们，不要让老实人吃亏。在工作中越有压力越能做好，能一直高质量地完成工作，愿意为集体而牺牲个人利益，在组织最需要的时刻出现的人，就是无名英雄，如不奖励他们，实在难以服众。

此外，最恰当的奖励是奖励创新。对于你来说，最重要的资本不是金钱，也不是厂房、设备，而是主意。奖励实用性创新，就先要创造一个有利于创新的工作环境，让每个人都确定一项创新目标。在工作中鼓励竞争，以竞争促创新。当然，别忘记，对成功的创新要支付一定的费用。

2. 慎重处罚

惩罚一般分为批评、处分、处罚和法律制裁等种类。和奖励一样，也是激励的一种方法，其目的是为了限制、制止或纠正某些不正确的行为。奖功必须罚过，奖勤必须罚懒，奖能必须罚庸。只奖不罚，就不能激浊扬清、儆恶扬善，也就不能达到是非分明。与奖励相比，惩罚是一种更难运用的管理艺术，掌握得好，会起到与表扬同等，甚至更大的作用；掌握得不好，也可能会伤害人的感情，影响群众或下级的积极性。

惩罚的目的是为了教育人、帮助人。因此，一定要从关心爱护的愿望出发，开诚心，布公道。坚持"惩前毖后，治病救人"的方针，达到既弄清思想又团结下级的目的。

惩罚要及时准确，公正合理。一旦发现有违法乱纪者应当立即处罚，毫不含糊。这样，能收到立竿见影之效，能使违法之人和未违法之人立刻看到不遵纪守法的害处和损失，起到警戒的作用。否则，松松垮垮，时过境迁，就难以奏效。由于惩罚是一件非常严肃的事情，领导者在做出惩罚决定之前，必须以负责的态度弄清被惩罚者的错误事实、原因、结果甚至每一个细节，然后再根据有无犯错误的动机、错误带来的后果、改正错误的态度等客观情况，决定惩罚的方式。管理者绝不能道听途说，捕风捉影；也不能偏听个别人的反映，或攻其一点，不及其余。很重要的一点是，管理者对下级要一视同仁，纪律面前，人人平等，不能搞亲亲疏疏那一套。

古人讲："王子犯法，与庶民同罪。"如果不分是非，因人而异，一味庇护自己的人，管理者就会失去群众，威信扫地。另外，要在惩之有据的前提下做到罚之有度。根据犯错误的情节和后果，该批评的批评、该处理的处理。一般来说，只要错误不太严重，就不宜重罚。

运用奖惩时的注意事项

在现代企业中,奖励和惩罚是两种不可缺少的手段,都是激励员工的有效工具。但在实行奖惩的过程中要注意以下几点:

不赏私劳,不罚私怨

不因对私人利益有功而奖赏人,不因对自己有成见或彼此有隔阂而惩罚人。

奖惩要及时

根据下属在这段时间这件工作中的功过,论功行赏,论过处罚,此功不顶那过,那过也不掩此功,只有这样,才能使赏罚真正发挥推动下属前进的作用。

赏罚分明体现在职位的安排上,是要拔能降庸

如果奖惩做到了公正合理,下属会感到满意或者服气,从而努力工作;否则就会感到不公平、不合理而影响工作情绪。

在处罚的过程中，要讲究情罚交融，要教重于罚。无情未必真豪杰。管理者对有过失的部下，也要尊重、理解、关心，要关心他们的实际生活，为其排忧解难，让其充分体会到管理者的温暖。但这不能以丧失原则为代价，也就是说既要讲人情味，又不能失去原则性。切不可把人情味庸俗化。人情味要讲，原则性更要讲。讲人情只有在坚持原则的前提下，坚持了原则性，人情味才能更有效。进行惩罚，应把教育与惩处紧密地结合起来。一定要坚持思想教育在先，惩罚在后；要坚持以思想教育为主，以惩罚为辅。实施惩罚时，要"重重举起，轻轻打下"：平时教育从严，处罚从宽；思想批判从严，组织处理从宽，重教轻罚。运用惩罚前，如果不预告警示，势必使下级产生无过受罚之感，弄得人心惶惶，进而离心离德，背道而驰。所以，管理者要先教后罚，多教少罚，这样不仅能使犯错误的人减少，而且还能使人们心服口服，真正调动下级工作的积极性。

第十一章 抓住人性,让不同特点的员工听从指挥

为好胜心强的人提供公平环境

如果管理者仔细观察，我们的身边总会有好胜心强的人。想出人头地并不是坏事，但是，如果他们不择手段达到自己的目的，管理者就要予以制止。如果是凭借真本事出人头地，我们当然应该提倡与鼓励。然而，一些人急于求成，采用不正当竞争手段，为了取得成功，有的人甚至不惜伤害自己的同事或下级。

杰克就是一个争强好胜的人。业务经理安娜要求他与皮特共同完成一份产品销售的策划方案。尽管是共同完成，每个人却要负责不同的内容，方案里会署上两个人的名字，然后交给经理审核，并召开部门会议讨论其可行性。其实，上级是有意考察他们两人的合作能力，把他俩安排到"一个锅里吃饭"。

杰克认为两人之间不存在合作，而是竞争关系。皮特认为，搭档之间重要的是合作，而不是相互争夺功劳。如果另一方以不公平的方式进行争夺，那么自己就有必要采取相应的行动。

果然杰克开始了他的攻击。在办公室的同事们面前说："他绝对不可能按时完成，除非有我帮忙。"当皮特要他提供一些相关的信息资料时，杰克总是推三阻四地不配合。但轮到杰克向别人要资料时，却露出一副胡搅蛮缠的嘴脸，材料得不到手，决不罢休。

杰克的这种行为，让皮特很气愤。以至于，皮特觉得他和这样的人合作就没什么好心情，想起杰克种种不正当的竞争手段就

善于同争强好胜的下属相处

管理者如何同争强好胜的下属相处呢？主要应做到"四忌"：

一忌用人疑人，求全责备

争强好胜的人自尊心强，如果对他们苛求，就会惹恼他们，有时甚至会当面和你对着干。

二忌事必躬亲，越俎代庖

争强好胜的人本来自我表现欲就强，如果管理者越俎代庖，让他们失去了"表现"的机会，他们难免会牢骚满腹，故意"较劲儿"。

三忌掠人之美，揽功诿过

领导若想得到争强好胜的下属的尊重和认可，就应当把立功扬名的机会尽可能地让给他们，充分满足他们的心理需要。

四忌放任自由，不闻不问

对待争强好胜的人，既不能对他们放任自由、撒手不管，又不能对他们过于严厉、无端呵斥或背后讥讽。要处处照顾到争强好胜的下属的"面子"和心理感受。

心烦意乱。然而工作中又不得不与他打交道，这使得皮特有了沉重的心理负担。为此，他找到了经理安娜。

安娜又通过从其他下级那里了解情况后，帮助皮特分析情况，并为他提出下面几项策略：

1. 不要发脾气

如果发脾气，就会给在场的同事一个不好的印象，大家会认为你没有涵养。如果上司看到了，认为你没有策略能力，认为你经受不了考验，认为你凡事喜欢计较。回过头来，发脾气这件事就成了你炒自己鱿鱼的原因了。

2. 坦然面对攻击

面对杰克非正常手段的争夺，不能表现得畏畏缩缩，而要在神色举止上表现得很坦然，像没发生什么事一样。如果让杰克看出你内心的恐慌、胆怯或失意，那他就认为达到了攻击的效果，就会加大攻击的力度，给自己招来更大的麻烦。

3. 保持工作热情

保持支配一切工作的架势，不给对方任何攻击的机会。不仅如此，保持积极进攻的态势，给杰克造成一定的压力，让他感受到，如果贸然进攻将有可能遭到最严重的后果。同时，将自己的工作做好，让对方找不到任何理由和借口。

还击对方的每一次进攻。可用冷嘲热讽的态度，戏弄取笑的方式，让对方感受到自己绝不是"软柿子"。

争夺者有一个心理特征，总认为自己变强则他人变弱。对这样的人，千万不能让对方认为自己弱小，哪怕自己真的弱小，也要用"吹气"的办法让自己变得强大起来。

对于身边的那些竞争者，我们要采取适当的措施。对于属于自己的胜利果实,将它进行严密的保护,防止被争夺者夺走;对自己的每一点胜利,层层设防,打下自己的印记。

对殷勤的异性员工要保持距离

管理者可能会遇到来自异性下级的过分殷勤。这时,管理者要与其保持适当的距离,有意拉开双方的空间感,如果对方是一个有自知之明的人,自然会放弃继续献殷勤的行为。

风度翩翩的销售部王经理刚上任不久,就发现他的秘书对他似乎热情过度。每天早晨只要他踏进办公室就忙着帮他脱外衣,嘘寒问暖的,还特意多看他几眼,其眼神不乏脉脉之情。面对秘书如此的"温柔",王经理感到终日不自在。如对其做法进行指责,又怕伤其脆弱的心灵,坏了上下级之间的和气,使工作不好开展。但每每见到秘书这样,又恼火万分。

如果管理者对他们明确拒绝,就需要有策略地拒绝。只有这样才能促使他们改正不良意识,同时也有利于你和团队的发展。

当然,拒绝他们也得讲求方法,不能简单粗暴地进行批评,更不能因一时冲动而做出伤害下级自尊的事情。王经理可以对秘书说一句笑话:"你做这么多,不是想发工资时以此向我多要工资吧?"或者说:"我可没雇你做我的保姆,不该过问的事,就不要越俎代庖了,不然耽误工作,我可要扣你的工资啦!"如此一两句话,加上面带笑容,对方不但不会感到十分尴尬,也会明白其用意。

下面介绍一些具体的方法:

1. 比较式拒绝

拒绝别人本来就是一件难以开口的事，更何况是面对这样的下级呢？运用比较的方法对其间接拒绝，会更容易接受。有的秘书，对他（她）的异性领导十分体贴。领导正在集中精力处理一份重要文件，可秘书不是问是否喝咖啡，就是去打听一番领导的工作进程。

　　在这种情况下，管理者可以告诉他（她）："我看张秘书很好！安安静静的。"

　　领导者用别的秘书做榜样，意在暗示下级不够安静，打扰了自己的工作。通过两相对照，这些异性下级自然会心领神会你对他（她）的拒绝。管理者既没过分暴露自己的不满，又使下级能保住面子，同时也令下级认识到了自己的错误，能使其积极主动地改正错误。

2. 模糊式批评

　　某单位为整顿劳动纪律，召开了员工大会，领导在会上说："最近一段时间，我们公司的纪律总的来说是好的，但也有个别人表现较差，有的迟到早退，也有的在上班时间聊天……"

　　这就是一个典型的模糊式批评。他用了不少模糊语言："最近一段时间""总的""个别""有的""也有的"，等等。这样，既照顾了面子，又指出了问题。他没有指名，并且说话又具有某种弹性，通常这种说法比直接点名批评效果更好。

　　对于屡次表现过分殷勤的异性下级，你同样可以采取如此做法。

3. 指出错时也指出对

　　对于那些过分献殷勤的下级，你应该明确指出他（她）这种行为对他（她）自己、对公司、对当领导的你及所有人的危害性。

同时，也给他（她）指出一条明路，教育他用能力、用学识、用良好的人格力量去赢得领导的赏识。如果他（她）确能改正，并小有成绩，那你就应当适当鼓励他（她），这也有利于他（她）向好的方面继续努力。

大多数领导在批评下级时，往往是把重点放在指出下级"错"的地方，却不能清楚指明下级应该怎么做才"对"。领导的态度对下级改正错误绝对有影响，要么有利于改正下级的行为方式，要么就会对下级造成一种心理压力，反而不利于问题的解决。

在指责下级的同时，领导者也应该指出如何做才是正确的。这样才能更具有说服力，使下级心悦诚服地接受你的批评，并依据你的批评积极主动地去改掉错误。

对桀骜不驯的部属要坦然相对

管理者在面对桀骜不驯的部属时，最好要坦然相对，保持适当的距离，以免发生纠纷。到底人与人之间在心理上保持怎样的距离更好呢？这里不妨参考一下"刺猬理论"。

刺猬是一种全身披覆着尖针一般针毛的动物。这种动物通常群体而居，自成一个小团体。天气寒冷时，它们往往直觉地彼此紧靠在一起。但由于彼此的针毛刺痛双方，因而又会离得远远的。然而离得过远却又禁不住寒冷，结果通常是彼此均保持在既能取暖又不致刺痛对方的适当距离。

这个理论可适用于人与人之间的心理距离，如同刺猬的针毛一般，距离太远便觉不妥，太近则又彼此伤害，因此就得保持适当的间隔距离，方能相安无事。

就领导者与不好管理的部属来说，最好运用这个理论在彼此之间，保持互不伤害的适当距离，达到共存共处的大前提。

任何团体中都会存在着某些桀骜不驯、难以管理的部属，而许多领导者由于觉得对方不好管理，便往往避免指派工作给他们，对方也因此更加散漫，终致造成团体中的死结。不仅如此，这种情形在最高阶层的眼中看来，必然认为领导者缺乏统率能力，对领导者前途所构成的障碍自是可想而知。

某些部属之所以难以指挥，必有其潜在因素：或由于对方的傲慢使然，或由于对方心有不满，或由于领导者所下达的指令未得其法……总之，若先找出症结所在，然后设法加以解决，就不难使对方为公司贡献一己之力。

一般说来，领导者之所以感到下属桀骜不驯有以下几种原因：

1. **不够了解**

管理者在对下属了解不深入的情况下，一般会从其气质、性格倾向、出身背景、平常的习惯等因素，自我判断出对方有不好管理的地方。

2. **下属反抗时**

当下属反对领导的意见或忽视上司、批评上司，或持其他显而易见的反抗性态度时，管理者经常认为此下属不好管理。

任何人之所以觉得对方不好管理，往往是由于个人先入为主的偏见所造成的。一旦消除心中所抱持的成见，就不难发现对方竟非常容易相处。当你发觉部属对自己有所误解，或由于部属本身的偏见而把你视为不好相处的人时，你必须主动与其沟通，设法消除彼此的心理障碍。

所谓"人心不同，各如其面"。领导者若能意识到这一点，方能坦然面对那些不易指挥的部属，而不致感到对方不好管理。

坦然面对棘手之人

一个集体不可能绝对地避免棘手之人。因此，管理者最明智的做法就是：调整心态，正确对待棘手之人。

每个团队里都少不了棘手之人。

坦然面对棘手之人

棘手之人尽管让人头痛生厌，但他们毕竟是我们整个集体中的一员，关爱和帮助他们应该是管理者义不容辞的责任。

善于发现棘手之人的长处

管理者若能透过他们棘手的表面，发现、肯定、发扬他们的长处，工作就会变得主动得多。

小李啊，咱公司就你最会编写程序，这个工作非你莫属啊。

知道了，我会看看的。

淡定，虽然他冲撞我，但是正因为有他，我才能听到不同意见。

正确看待棘手之人

棘手之人的存在，表面上看是一种不和谐的因素，但从另一个角度看，它符合集体结构应该和而不同的组合原则。任何一个集体，只有一个思想、一种声音、一种类型的人并不是好事。

对"恃才傲物"的人要适当引导

有的下级仗着自己才高就目空一切,恃才傲物,谁都看不起,包括自己的领导。但他又有一手好技术或绝活,团队离不开他。因此,领导者掌握这种下级的个性并学会适当引导,是非常有必要的。

身为领导者必须拥有一颗宽容的心,时刻保持冷静。以宽容的态度对待那些不把你放在眼里的下级,不仅仅是为了在他人眼中更进一步地树立你成熟稳健的形象,实际上你的做法本身也是对他的一种教育。

在美国前总统富兰克林·罗斯福还是个心高气傲的年轻人的时候,曾在海军内的一个部门担任副官。而他的顶头上司是一位年长而和蔼的老人,他总是对罗斯福微笑着,尽管罗斯福常常对他显出傲慢无礼,甚至骂他"老古董"。上司几乎对罗斯福的每一个意见都仔细地考虑和研究,对其略加改动后立即采纳。这令罗斯福愈发自信,并且对工作投入了更大的热情。他们的合作渐入佳境,老人依旧和蔼如故,罗斯福却逐渐抛弃了激进傲慢的性格,他感到有种力量在改变他,但他却不知道那是什么。许多年之后,当他已不再是个毛头小子的时候,总是不自觉地回忆起那段时光,老人的无私豁达让他时常为自己过去的行为自责。同时,罗斯福也逐渐明白了老上司的良苦用心。

一个人狂傲未尝不可,有时狂还是优点。如果狂妄就不太好了,狂中带有妄想,虽然这种人是人才,但他却自命不凡,以为自己是旷世之才,是天下第一。如果一个下级狂妄到了这种地步,那真是叫领导者头痛。如果领导者掌握了他们的心理后,就可以有的放矢,采取有效的方法来和他们接触。

如何管理恃才傲物的员工

在企业中，总有一些员工比较狂傲，他们或功勋卓著，或能力极强，但同时，他们的行为方式也往往会特立独行。如何对该类员工进行管控，是管理者必须认真考虑的问题。

心理平衡

恃才傲物，是一些有才干者的通病。企业恰恰用的也是才。作为管理者，不妨在小节上宽容一些，要有大度能容天下之人的气魄。

弹性管理

宽，有可能破坏制度的严肃性；严，有可能变管理为审判。管理者应尽量做到宽严相济，做到赏罚分明，奖励和惩罚并用。

情感沟通

对狂傲员工来说，情感的沟通是填平管理者与被管理者心灵鸿沟的有效工具。积极的情感管理，会拉近彼此的心灵距离，也是减少内耗、理顺人际关系的"润滑剂"。

1. 用其所长，切忌不予重用

恃才傲物的人，大都有一技之长，否则也不称为"才"了。因此，领导者在看到他不好的一面时，一定要耐心地与他相处，要视其所长而给以任用，而绝不能因一时看不惯，就把他搁在一边不予以重用。

这样，只会让其产生一种越压越不服气的逆反心理，在需要他的时候，他就可能会故意拆你的台。因此，领导者碰到这种人，就要想想刘备为求人才而三顾茅庐的故事，毕竟你是在为整个集体的利益，而不是为你个人的利益在求他、和他接触，在这种人面前即使屈尊一下也不算丧失人格。

2. 用其短挫其傲气

狂傲之人虽然在某些方面、某个领域内才能出众，但他仍有他的不足和缺陷。因此，领导者也可利用这点来让他看到自己的不足，以自我反省降低自己的傲气。

譬如，领导安排一两件做起来比较吃力估计完不成的工作让他做，并在事先故意鼓励他：好好做就行，失败也没关系的。如果他在限定的时间内做不出，领导仍然安慰他，那么他就一定会意识到自己先前的狂妄是错误的，并从此改正。

3. 要敢于担担子，以大度容傲才

这种人干什么工作容易掉以轻心，即使再重要、再紧迫的事情，他们也会表现得漫不经心。所以，常常会因其疏忽大意而误事。作为上司切不可落井下石、一推了之，要勇敢站出来替部下担担子，使他感到大祸即将临头，领导一言解危。日后，他在你的面前再不会傲慢无礼，甚至会对你言听计从。

第十二章

不做『瞎子』和『聋子』，沟通是不变的带兵法则

沟通带来理解，理解带来合作

有的管理者认为，工作团队必须以实现团队绩效为最终目的，沟通和交流往往被他们所忽视。在绩效为先的指导下，管理者与下级之间的沟通主要围绕工作、项目等展开，几乎不涉及个人的情感和生活。这样的沟通，可能让你拥有高效但不稳固的团队，却不能让你拥有高效且稳固的团队。

在一个团队中，要使每一个成员能够在共同的目标下协调一致地工作，就绝对离不开沟通。沟通，是人类活动和管理行为中最重要的职责之一。因此，团队成员之间良好有效地沟通是管理艺术的精髓，管理者必须拿出足够的时间进行交流。

孔子被困在陈、蔡之间，只能吃野菜汤度日。七天没尝到粮食，白天也只得睡觉。一天，颜回讨到一点米回来做饭，饭快熟时，孔子看到颜回抓取锅中的饭在吃。一会儿，饭熟了，颜回拜见孔子并端上饭食。孔子装作不知颜回抓饭之事，说："今天我梦见了先君，把饭食弄干净了去祭先君。"颜回回答说："不行，刚才灰尘落进饭锅里，扔掉沾着灰尘的食物是浪费的，我就抓出来吃了。"孔子叹息道："所相信的是眼睛，可眼睛看到的还是不可以相信；所依靠的是心，可是心里揣度的还是不足以依靠，看来了解人真的很不容易。"

被誉为"圣人"的孔子也需要通过沟通才能辨识人性，通过此次沟通，孔子和颜回的关系更加融洽。这个故事也给团队沟通管理一些有益的启示，哪怕管理者和员工个人所做的事都是对团队有益的，也不可忽视沟通的重要性。

在现代团队管理中，贯穿其中的一条主线即为沟通，任何团队的日常管理工作都离不开沟通。有效的沟通是团队高效率管理和经营必不可少的管理手段与管理范畴，它渗透了管理的各个方面与各层面、各环节。著名组织管理学家巴纳德认为沟通是把一个组织中的成员联系在一起，以实现共同目标的手段。作为管理者，与员工交流思想，实现有效沟通，其重要性不言而喻。

要想成为一个优秀的管理者，管理者需要加强与下级的交流与沟通，倾听他们的真实想法，这样你才能知道他们的一些看法，及时发现问题，然后解决问题。

不过，有些人总喜欢给自己贴上"管理"二字的标签，有时会觉得下级的理解能力差，结果拉大了自己与下级的距离，缺乏有效沟通，极大地激发了下级的不满情绪。

"苹果公司有2.5万名员工，大约有1万人在专卖店工作。而我的工作是与100位高层人员合作，这就是我的工作。他们并不都是副总裁，有些人只是关键的单个研究员。因此，当一个好点子出现的时候，我的工作之一就是让大家都看看这个点子，了解一下不同人的看法，让大家就此展开讨论，甚至是辩论，让这100个人交流思想。"这是媒体问及乔布斯管理风格时，乔布斯的回答。乔布斯深谙与员工交流、沟通的重要性。

有关资料表明，管理者在管理过程中，与员工进行沟通的时间达到70%才算是合格的。其中，开会、谈判、谈话、作报告是团队管理者最常见的沟通方式，管理者还要对外拜访、约见等。

团队中大部分矛盾都是由于沟通障碍引起的，员工的执行力差、工作效率低，还是领导不力的问题，很大一部分原因是与沟通有关的。与下级适时地做一些思想交流，是很有必要的。

沟通很重要，但常常被人们忽视。没有沟通，就没有成功的团队。团队内部良好的沟通文化可以使所有员工真实地感受到沟通的快乐和业绩的提升。团队内部的沟通管理，既可以使管理层工作更加轻松，也可以使普通员工消除误解、提高效率，同时还可以增强团队的凝聚力和向心力。

沃尔玛总裁萨姆·沃尔顿曾说过："如果你必须将沃尔玛管理体制浓缩成一种思想，那可能就是沟通，因为它是我们成功的真正关键之一。"

在沃尔玛总部的行政管理人员并不轻松，因为他们每周都要花绝大部分的时间飞往沃尔玛在世界各地所开设的商场，向有关人员通报公司的所有业务情况，并通过开会让所有员工共同掌握沃尔玛公司的业务指标。

在每个分店里，内部的有关人员都会定时公布该店的利润、进货、销售和减价的情况。他们并不单单向经理们公布，也向每一个员工以及店内临时的计时工和兼职雇员公布各种信息，这样做主要是为了鼓励店内的每个人都能取得更好的成绩。

沃尔玛每次股东大会的规模都十分宏大，力求让更多的人参加，其中包括商店的经理与员工，其目的是让他们看到沃尔玛公司的全貌，让他们尽量做到心中有数，以便合理地安排具体工作。

为保持整个沟通渠道的畅通，沃尔玛还与世界各个店内的工作团队保持沟通，注重收集内部员工的一些意见与建议，同时还时常带领所有的人参加沃尔玛公司联欢会等。

管理者与员工之间沟通很重要

管理者与员工之间缺乏有效沟通,往往导致误解和摩擦,甚至使员工产生与管理者对着干的想法和念头,可见在管理者与员工之间"沟通"很重要。

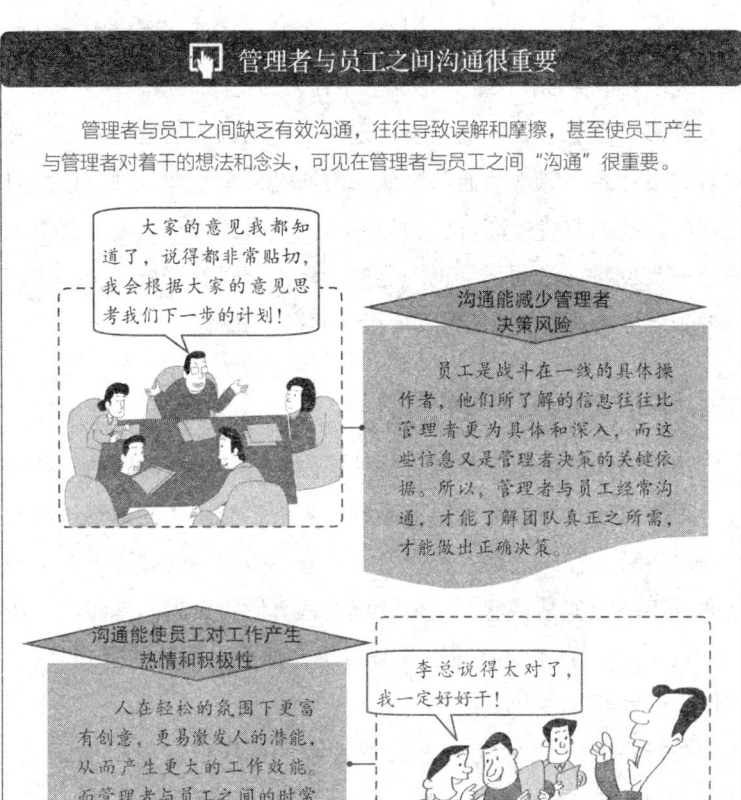

要保持管理者与员工间真正的沟通,就需要团队建立有效、通畅的沟通渠道,将团队的相关信息都贯穿到内部的每个部门。这有利于消除员工与团队间的矛盾和隔阂,提高员工工作的积极性与团队整体的执行力,为团队谋取更大的利润。

在与下级加强沟通的过程中,管理者能够不断发现问题,并不断提高自己的管理水平。沟通是管理者不可忽视的一门课程,是值得每一个管理者好好学习的。一个善于沟通的管理者，才能把下级最好地糅合在一起，形成一个强大的整体。

许多管理者喜欢高高在上，缺乏主动与部属沟通的意识，凡事喜欢下命令，忽视沟通与交流。沟通是每个管理者都应该学习的课程，我们要将提高自己的沟通技能上升到战略高度。每个人都应该高度重视沟通，重视沟通的主动性。只有这样，我们才能够进步得更快，团队才能够发展得更顺畅、更高效。

用心倾听员工的心声和抱怨

员工对团队的抱怨其实也是反映团队真实管理问题的一种途径。很多时候，作为管理层不愿意倾听员工对团队的抱怨，甚至会通过各种途径来消除这种声音，这并不是聪明的做法。员工的抱怨并不一定就是错的，如果管理者认真倾听员工的抱怨，抓住几个员工最为关注的问题去落实解决，那么对团队的管理来说，可以起到事半功倍的效果。

美国的企业家亚克卡曾对管理者的倾听有过精辟的论述："假如你要发动人们为你工作，你一定要好好听别人讲话。一家蹩脚的公司和一家高明的公司之间的区别就在于此。作为一名管理人员，使我感到满足的莫过于看到企业内被公认为一般的或平庸的人，因为管理者倾听了他遇到的问题而发挥了他应有的作用。"

倾听员工的抱怨也是沟通的重要组成部分。一个善于倾听的管理者，不但使谈话的人说得开心，自己也能够从谈话中得到有价值的信息。

倾听是管理者了解员工诉求的有效方式。然而，许多管理者不愿倾听,特别是不愿倾听下级的抱怨。其实,倾听是一个参与的过程,在这个过程中,管理者不仅要接受、理解别人的话,清楚他们的内心想法,更要为此做出必要的反馈。

抱怨很多时候是负面情绪的宣泄,但管理者倾听员工的抱怨,对员工来说是一种有效的沟通方式。这种发自内心的倾诉比客套的、一般性的交谈效果要好得多。当下级明白自己谈话的对象是一个倾听者而不是一个等着做出判断的管理者时,他们会毫不隐瞒地给出建议。这样,管理者和员工之间就创造性地解决了问题,而不是互相推诿、指责。

但是,如果下级陷入没完没了的抱怨,甚至不分对象地抱怨,管理者就需要用一些技巧了。

小唐是某电子公司的工程师,业务能力很强。公司让他管理一个项目组,然而搞技术与做管理是完全不同的两回事。虽然他搞技术很在行,但在一无财权,二无人脉,既要顶住来自上面的业绩压力,又要管理自视颇高的知识型员工时,小唐的压力陡然增大。他抱怨员工不服管理是因为自己没有掌握财权,他抱怨公司不给支持导致各部门沟通不畅。而抱怨过后的结果是,他的领导没有给予更多关注。小唐也意识到,抱怨无异于证明自己无能,就干脆忍而不发,回到家里也不敢向正在孕期的妻子诉苦,最终竟然得了抑郁症。

实际上,小唐的领导并不是个好领导。如果他能及时与小唐沟通,倾听他的抱怨,给其心理疏导和支持,相信不会造成如此后果。

员工抱怨有时候是情有可原的。追求完美的员工、智商高但情商低的员工、过于自负和自卑的员工,是最易产生抱怨的人群。作为管理者,要特别注意与之及时沟通。管理者应树立这样的形象：遇到任何问题请及时沟通，我会静心倾听，为你解困。在倾听中要不断认同对方的情绪："嗯，我理解。""我也有过这种体会。"事实上，认真倾听，本身就是化解抱怨的最好方式。

用心倾听是理解他人的第一步，也是建立信任感的前提。只有倾听过后，才会理解对方为什么抱怨以及抱怨的是什么，掌握了这些一手材料，才能从根本上解决问题。

作为管理者，应该学会倾听，不要总以为自己是管理者，只需要对下级发布命令。管理者需要坦诚相见，做一个忠实的听众，让下级说出自己的内心想法。

一个善于倾听的管理者，能够让沟通的渠道保持畅通，及时纠正管理中出现的一些错误，制定出一系列切实可行的方案和制度，促进团队的发展。

管理者倾听的过程，其实就是给予下级心理认可的过程。当下级对你说出自己的一些想法、倾诉自己的一番抱怨后，通过这种发泄，他就可以从你身上获得心理认可的满足感。而基于礼尚往来的心理，他也会认可你，并在内心无意识地觉得应该给予你相应的回报：加倍努力工作，证明自己是优秀的，是值得你关注和认可的。

管理者在倾听员工的心声和抱怨的过程中，需要注意以下几个方面：

1. 保持眼神交流

通常在倾听之前，我们要先与对方有一个眼神上的交流，借此告诉他："我准备好了，你可以说了。"而在倾听过程中，专注的眼神交流则可以告诉对方："我在认真听，请继续讲。"

2. 作出积极回应

怎样倾听

倾听并不是简单地听，而是要认真、专心且有效地听。你可以通过以下几个方面做到这点：

有效倾听

通过专心的倾听和积极的反应，你可以很好地进行沟通。当员工感觉到你在注意听时，他就会感到放松，而且会表述得更清楚些。

了解谈话的所有细节

做笔记。通过专心倾听，你可以获得很多细节，一定要做详细记录以备以后参考。这些记录对解决问题非常有好处。

询问员工的解决方案

让员工参与解决问题，能够缩短解决问题的时间，同时也可以让员工满意，并获得最大的满足感。如果问题很复杂的话，要和员工一起商议。

在沟通过程中，身体前倾、点头、微笑等积极的回应也非常重要。因为这在告诉对方，你愿意去听，并且努力在听。反之，如果倾听时面无表情或没有回应，对方会认为你不愿意或讨厌跟他谈话。

3. 给予理解

倾听的核心要素就是同理心。即暂时搁置自己的成见，尝试站在他人的角度来看待问题，并感同身受地体验他们的感受。事实上，一旦管理者能做到这点，员工就会认为上司是理解自己的，是自己可以信任和依靠的。这样，员工就会对领导者生出更多的认可感与归属感。

作为跟下级沟通的重要方法，积极的倾听是管理者改善部门氛围、提升员工绩效的重要方式。一个真正懂得倾听的管理者，无疑能在事业发展的道路上走得更快、更稳、更高。

沟通时要善于观察

在沟通过程中，有经验的管理人员善于从对方的身体语言中捕捉到他们所需要的宝贵信息，如能恰当运用，这将为争取主动奠定坚实的基础。

1. 从眼睛中寻找沟通信息

眼睛是心灵的窗户。眼神是表情达意的最有力的手段之一。心理学家研究发现，眼睛的动作能传达出人类表情的主要信息，从而对我们的沟通结果具有关键作用。

一般而言，与人交谈时视线接触对方脸的时间正常情况下应占全部谈话时间的30%～60%。超过这一平均值时，可以认为对谈话者本人比谈话内容更感兴趣；低于平均值者，则可能被认为他对谈话者本人和谈话内容均不感兴趣。

倾听对方谈话时，几乎不看对方，那是企图掩饰什么表现。倘若眼睛闪烁不定，是一种反常的举动，常被视为用作掩饰的一种手段或性格上的不诚实。

人们处于高兴、喜欢、肯定等情绪时，瞳孔必然放大，眼睛很有神；处于痛苦、厌恶、否定等情绪时，瞳孔就会缩小，眼睛必然无光；在一秒钟之内连续眨眼几次，这是神情活跃，对某事物感兴趣的表现，有时也可理解为由于个性怯懦或羞涩、不敢正眼直视的表现；瞪大眼睛看着对方是对对方有很大兴趣的表示。据说，古时候的珠宝商人已注意到这种现象，他们能窥视顾客的瞳孔变化而知道对方对货物有无兴趣，从而决定是抬价还是降价。由此可见，瞳孔的变化是非意志所能控制的。因此有人在某些场合，往往戴上一副有色眼镜，用以掩饰自己的内心活动。

2. 从嘴部动作中寻找沟通信息

除了眼睛以外，在面部器官中嘴唇最能表现出一个人的内心世界。嘴巴，除了是摄取食物和呼吸的器官之一，也是说话的工具，它的吃、咬、吮、舔等多种动作形式，决定了它具有丰富的表现力，往往反映出说话人的思想情感。

如果一个人在注意倾听对方谈话时，嘴角会稍稍向后或向上拉。嘴唇常不自觉地张着，呈现出倦怠疏懒的模样，说明他可能对自己所处的环境感到厌烦，显得心不在焉。如果紧抿嘴唇，且避免接触他人的目光，可能表明他心中有某种秘密，此时不想透露。但有时紧紧地抿住嘴唇，往往也表现出意志坚决。

不满或固执时，往往嘴角下拉。撅起嘴是不满意和准备攻击对方的表示。遭到失败时，咬嘴唇是一种自我惩罚的动作，有时也表示自我解嘲和内疚的心情。

如果你是在一个标准的男人圈内进行自己的管理工作，那么你一定会碰到一些"老烟哥"。其实，作为嘴部动作的一个细节，在日常生活中抽烟时的动作极具表现力，它往往将一个人的心理和情绪状态不自觉地流露出来。

如有的人抽烟时，将烟朝上吐，这往往是积极、自信的表现，此时他的身体上部分姿势必然是昂首挺胸的；倘若将烟向下吐，则是情绪消极、意志消沉、有疑虑的表现；斜仰着头，烟从鼻孔吐出，表现出一种自信、优越感以及悠闲自得的心情。

如果吸烟不停地磕烟灰，表明内心有矛盾冲突或焦躁不安。这时的烟成了吸烟者减缓和消除内心冲突与不安的道具。有的人抽烟时将烟雾从嘴角徐徐吐出，这就给人一种消极而诡秘的感觉，一般反映出吸烟者此时的心境与思维比较曲折回荡，力求从纷乱的思绪中清理出一条令人意想不到的思路来。这种人看似神秘，其实内心很虚弱，云雾缭绕的外表，往往就是在掩藏自己的空虚与恐惧。

如果一个人点着烟而很少吸，表示在紧张思考或等待紧张情绪的平息。假使没抽几口就把烟掐掉，则表明想尽快结束谈话或已下定决心。

3. 从肢体动作中寻找沟通信息

通过对四肢和腰部的动作分析，我们可以判断出对方的心理活动或心理状态，借此把自己的意思传达给对方。

握拳是表现向对方挑战或自我紧张的情绪，以拳击掌是向对方发出攻击的信号。

微微抬头，手臂放在椅子或腿上，两腿交于前，双目不时地观看对方，表示有兴趣来往；手臂交叉放在胸前，同时两腿交叠，

从眉毛动作中寻找沟通信息

眉毛不是眼睛的简单配角,在表情达意方面,眉毛的形态往往能反映出人的许多情绪,我们可以借此来寻找信息,以进一步做好管理中的沟通工作。

当困窘、不愉快、不赞成或者是表示关注、思索时,往往皱眉。

处于惊喜时,眉毛上扬,即人们所谓的"喜上眉梢"。

处于愤怒、不满或气恼时,眉角下拉或倒竖,即通常所说的"剑眉倒竖"。

表示不愿与人接触。

用手指或铅笔敲打桌面,或在纸上乱涂乱画,表示对对方的话题不感兴趣,不赞同或不耐烦。

握手时对方掌心出汗,表示对方处于兴奋、紧张或情绪不稳定的状态;若用力握对方的手,表明此人热情、好动,凡事比较主动;手掌向下握手,表示想取得主动、优势地位;手掌向上,是性格软弱,处于被动、劣势或受人支配的表现;用两只手握住对方一只手并上下摆,往往表示热情欢迎,真诚感谢或有求于人。

如果把两手手指并拢放于胸部的前上方呈尖塔状,表明充满信心;手与手重叠放在胸腹部的位置,则表明他的谦虚、矜持、抑或心中感到不安,希望能得到理解或慰藉。

如果一个人见你就鞠躬、弯腰,表示谦逊或尊敬之意。再者,心理上自觉不如对方,甚至惧怕对方时,就会不自觉地采取弯腰的姿势。

倘使腰板挺直,颈部和背部保持直线状态,则说明此人情绪高昂、充满自信、自制力较强。相反,双肩无力地下垂,凹胸突背,腰部下塌,则反映出这个人正处于情绪的低谷,或者没有自信心,或者对前途感到沮丧失望。

管理者要学会当众讲话

从某种意义上来说,当众讲话就是一种生产力。战国苏秦、张仪合纵连横,三国孔明舌战群儒,孙中山宣传爱国……当今的时代,人们的生活节奏越来越快,活动空间越来越大,人际交往比任何时代都频繁,管理者当众讲话的作用越发重要起来。有人这样形象地比喻:演讲在车间,流汗只等闲;演讲在军营,热血在沸腾。在课堂、在舞台、在社交场所,管理者需要与其他人进行交流,就需要高超的当众讲话的能力。不论是开(闭)幕词,还是主持会议;不论是商务宴请,还是商务谈判;不论是接受采访,还是与下级沟通,都需要当众讲话与沟通表达的能力。

管理者经常当众讲话,按讲话的群体可以分为两大类:一是对内讲;一是对外讲。对内讲话最重要的目的在于凝聚人心,对外讲话的目的在于实现沟通,领导者通过当众讲话,可以展现自己的领导力。

作为领导,需要把团队的文化灌输给下级,或者把专业的技能传授给下级,或者有些疑惑需要与下级沟通,这些都离不开当众讲话。当众讲话的能力已经成为现代领导干部工作能力的重要部分。

李攀的第一份工作是销售,销售的活儿并不好做。他不会主动去拉客人来店里参观,只有他们主动过来问他,他才会给他们介绍一下产品的优势。如果客人说想去别的地方看看,他也不知道该怎么才能留住客人。不仅如此,有些客人因为看到李攀一紧张就说不出话来,干脆掉头就走,让他白白错失了不少生意。

"我就想把话说清楚说好,所以有时会把话在肚子里滚好几遍,可人也越来越紧张,以至于到最后竟然什么也说不出来了。"李攀这样描述自己在销售工作初期的体验。

当李攀成为区域销售经理后,新的问题也随之产生,往往是同事听了自己说的内容,最后的结果却和原本的目标相差十万八千里,"一开始我会很愤怒,直接对着下级咆哮,导致双方情绪都很糟糕,工作效率也很低。"

后来李攀的工作岗位几经转换,面对的受众再度发生变化,但他越来越喜欢当众讲话了。"我会把自己想象成编剧、导演以及

管理者当众讲话的误区

如果存在下列讲话误区中任何一种,即使你在其他方面表现都非常出色,你的讲话仍然将丧失它的大部分效力。

演员，何时该说什么，何时该做什么都会提前做好准备，也会对可能发生的场景进行预案设置。"

实际上，当开始在众人面前演说时，李攀还是会觉得紧张，"不能让别人发现这点。我会面带微笑，并用坚定的眼神看着某个听众，然后再转移到另一个人。说话时眼神飘忽会让人觉得你没有自信。"除此之外，"根据对方的眼神、肢体动作、微表情等来猜测他当时的想法以及情绪，适当地调整自己所讲的内容、语气及速度，会有更好的效果产生。在综艺节目中学到的时髦词汇，有时用来调节气氛会起到意想不到的效果。"

现在已经成为一家团队副总的李攀这样总结说："反正每个人都要说话，倒不如主动讲话，用更加开放的方式与人沟通，这就是现代社会中最省时省力的方式。"

当然，当众讲话的能力是一个综合的能力，不仅要求领导干部敢讲，还要求领导干部能讲到听众的心坎里。如果某个领导干部在台上念报告，即使这种讲话持续四五个小时，也不会有人佩服这种当众讲话的能力。

领导者提升自己当众讲话的能力，需要通过视觉和听觉传递给听众。一个人讲话声音很悦耳、内容很精彩，会让听众产生听觉上的享受；一个人讲话表情丰富、肢体配合，会在视觉上拉近与听众的距离。

在很多员工面前，需要表扬某下级。我们用三种方式对自己的下级说："你做得真不错！"

第一种，面部不带有任何表情，就连脸上的肌肉也不动，说："你做得真不错！"

第二种，微笑，嘴角翘起来，眼睛笑眯眯，再开口说："你做得真不错！"

第三种，微笑，伸手拍拍对方的肩膀，然后右手伸出大拇指的同时，说："你做得真不错！"

同一句话，我们用三种方式来说，哪种效果最好？

毫无疑问，一定是第三种最好。因为第三种让员工真正感受到了重视。

领导者要提升自己当众讲话的能力，必须学会"口手并用"，让自己的话能真正深入到听众的思想中。事实上，当员工和一个优秀的领导交谈时，领导讲话可能很少，但始终有一种被吸引、被了解的感觉。

管理者完全可以成为一名出色的演说家。当众讲话的技巧是可以学习的，而不断的学习为演讲能力的提升提供了源源不绝的动力。所谓口才不佳，只是为自己找借口罢了。经过多次的尝试与体验，就能学会讲话技巧。通过不断地多学、多练、多揣摩，你也会成为大家欢迎的演说家，你说出来的话自然有力且有分量。

领导干部想把人带领好，把事处理好，把物管理好，就必须导之于言而施之于行。当众讲话贯穿领导活动和领导过程的始终，离开了讲话，交流是无法实现的。讲话艺术是领导干部不可缺少的一门才学，讲话水平的高低，直接关系到领导工作的成效和领导者的威信。毫不夸张地说，谁掌握了讲话艺术，谁就拿到了走向成功管理的护照。

我国古代大思想家荀子这样说过："口能言之，身能行之，国宝也；口不能言，身能行之，国之器也；口能言之，身不能行，国之用也。"一流的管理者需要"会做"也"会说"，提升管理者当众讲话的能力理应受到重视。

为管理者提供了一个全方位的细致周详的工作手册。